AF642764

ANJA TANAS

Beste HEIMAT HÄPPCHEN

FÜR GÄSTE UND FESTE

UNSERE REGIONEN

So vielseitig NRW aus geografischer Sicht ist, so abwechslungsreich sind in den einzelnen Regionen auch die Rezepte für Gäste und Feste.

INHALT

NU MEN LOSS

JETZT WIRD GEFEIERT! 4

SONNTAGSBRUNCH –
NACH HERZENSLUST SCHLEMMEN 6

KAFFEEKLATSCH –
KUCHEN UND TORTEN SATT! 30

GRILLEN –
„JET SPAß UN FREUD" AM GRILL 52

BRAUCHTUM
UND FEIERTAGE 76

FESTESSEN –
NRW-MENÜS RUND UMS JAHR 98

REGISTER 132

JETZT WIRD GEFEIERT!

Sie sind Genussmensch und schlemmen gern – ob herzhaft oder süß? Sie kochen und backen mit Begeisterung, vor allem auch für Ihre Liebsten? Das dritte Buch der Heimathäppchen könnte da was für Sie sein! Es verführt mit regionalen Festessen, einer fruchtig-süßen Kuchenauswahl und schnell gemachten Snacks. Auch die gehörige Portion Brauchtum kommt nicht zu kurz. Unsere Heimathäppchen für Sie und Ihre Gäste – wie immer bunt und lecker!

Zunächst möchte ich Ihnen zu diesem dritten Heimathäppchen-Buch gratulieren! Und gleichzeitig von Herzen „Danke" sagen! Ohne die fortwährende Unterstützung der Online-Community, der Leser und auch Zuschauer, also ohne Sie, wären wir niemals so weit gekommen mit unserem bunten Genussprogramm im WDR. Es vergeht kein Tag, an dem das Heimathäppchen-Team nicht von all den freundlichen Kommentaren und der Interaktion auf den sozialen Medien inspiriert und motiviert wird. Stetig entwickeln wir uns so weiter, versuchen, immer besser zu werden als Quelle für leckere Rezeptideen, für Infos rund um Esstraditionen in NRW, aber auch für Küchentipps und -tricks.

EIN GRUND ZU FEIERN!

Was hat sich getan seit dem zweiten Buch der Heimathäppchen, dem Backbuch? Zunächst einmal sind wir drei Jahre alt geworden, allein das – meine ich – ist schon ein Grund zu feiern! Daher ist das Motto dieser Ausgabe auch so passend: „Für Gäste und Feste". Das Team der Heimathäppchen hat sich etwas gewandelt, manch eine/r ist weitergezogen, andere Kolleg*innen sind nach wie vor an Bord. Auch viele neue Rezepte sind in unserer angestammten Region verwurzelt, aber – da bin ich ganz ehrlich – die meisten Traditionsgerichte haben wir längst ausgegraben. Dennoch findet vor allem aber Rezeptentwicklerin Élena-S. Eilmes immer wieder echte Schätzchen, die wir auch künftig mit Ihnen, den Heimathäppchen-Fans, teilen werden. Élena ist mit ihrem Ideenreichtum ein wichtiger Dreh- und Angelpunkt des Formats. Flankiert werden die kulinarischen Urgesteine von zunehmend kreativen und wirklich trendigen Zubereitungsmethoden und Serviervorschlägen. Die heimische Obst- und Gemüsesaison ist dabei nach wie vor unser Kompass. Im Buch haben wir so auch fünf Festmenüs zusammengestellt, die den Jahreszeiten alle Ehre machen.

Zusammen mit Claudia Lodorf (re.) und Johanna Schnüpke (li.) präsentiere ich in der Fernsehsendung „Beste Heimathäppchen" unsere absoluten Lieblingsrezepte.

BUNTE REZEPTAUSWAHL

Die Heimathäppchen sind und waren noch nie blind auf dem Auge, das zu anderen Kulturen hinüberschielt. Immer wieder bekommen tolle Traditionsgerichte aus anderen Ländern bei uns die Aufmerksamkeit, die sie verdienen – so auch in diesem Buch. Es beherbergt ein buntes Potpourri an Rezepten, die verschiedener nicht sein könnten. Jedes einzelne lieben wir, jedes wurde gezielt ausgesucht.

Für mich persönlich hat sich nicht viel geändert, ich präsentiere die Heimathäppchen in diversen Sendungen des WDR und hatte eine wunderbare Zeit bei den Kochevents mit Followern, die ich bis zur Corona-Krise jeden Monat in der Heimathäppchen-Küche leiten durfte.

VERWÖHNEN SIE SICH UND IHRE GÄSTE!

Gerade in Zeiten, in denen wir eine gewisse Distanz wahren müssen, kann man mit einem gut und liebevoll zubereiteten Essen den zwischenmenschlichen Abstand verringern, denn Liebe geht ja bekanntermaßen durch den Magen. Daher finden wir ein Buch mit diesem Anliegen gerade jetzt genau richtig und wichtig. Es soll Sie unterstützen bei den Überlegungen, was Sie Ihren Gästen anbieten wollen. Halten Sie es wie wir bei den Heimathäppchen: Wer andere verwöhnt, ist gleichzeitig auch gut zu sich selbst. Denn es macht glücklich, auf kulinarische Weise verbunden zu sein.

Wir machen dann auch mal weiter mit unserer Arbeit: ein neues Heimathäppchen entdecken, es hegen, pflegen und weiterentwickeln, bis es Ihnen schließlich in voller filmischer Pracht präsentiert werden kann. Danke für Ihre Treue!

Bis dahin

Ihre Anja Tanas

För echte Fründe

SONNTAGS BRUNCH

NACH HERZENSLUST
* SCHLEMMEN *

GRANOLA RHEINISCHE ART

KNUSPRIGES NRW-MÜSLI

Aufmacher für jeden Brunch ist gesundes Körnerfutter mit Obst! Dieses trendige Knuspermüsli versprüht einen Hauch Rheinland – dafür sorgen Rübenkraut und Schwarzbrot-Crunch.

100 g rheinisches Schwarzbrot
200 g Walnusskerne
200 g kernige Haferflocken
½ TL Zimtpulver
Salz
120 ml Rapsöl
(aus dem Rheinland; alternativ Sonnenblumenöl)
6 EL Honig
3 EL Rübenkraut
50 g getrocknete Äpfel

1. Den Backofen auf 175 °C vorheizen und ein Backblech mit Backpapier auslegen. Das Schwarzbrot in eine Schüssel bröseln. Die Walnüsse grob hacken und mit den Haferflocken hinzufügen. Alles verrühren, bis es gut vermischt ist.

2. Den Zimt und ¾ TL Salz über die Mischung streuen und unterrühren. Öl, Honig und Rübenkraut hinzufügen und ebenfalls unterrühren.

3. Die Mischung gleichmäßig auf dem Backblech verteilen und im Ofen auf der mittleren Schiene etwa 40 Minuten rösten, bis sie goldbraun ist und köstlich duftet. Dabei jeweils nach 15 und 30 Minuten durchrühren.

4. Die getrockneten Äpfel grob hacken. Das Granola aus dem Ofen nehmen, die Apfelstückchen unterrühren und das Granola auf dem Blech auskühlen lassen.

TIPP: Für groberes Granola nur einmal umrühren.

aus dem Rheinland

Das Granola gut abgekühlt in ein Schraubglas füllen - so hält es sich bis zu einen Monat. Das Granola schmeckt mit Milch, Joghurt, Quark, Obst oder pur als knuspriger Snack.

FÜR 750 G

ARBEITSZEIT: 15 MIN.

BACKZEIT: 40 MIN.

Für den Vorteig:
125 g Mehl (Type 550)
75 g Milch
15 g frische Hefe

Für den Hauptteig:
150 g Mehl (Type 550)
25 g Milch
30 g Zucker
40 g zimmerwarme Butter
1 Ei
Salz
¼ TL Vanilleextrakt
5 Tropfen Zitronenaroma

Außerdem:
Mehl für die Arbeitsfläche
1 Eigelb
Salz
Hagelzucker zum Bestreuen
(nach Belieben)

FÜR 6 STÜCK

ARBEITSZEIT: 30 MIN.

GEHZEIT: 70 MIN.

BACKZEIT: 25 MIN.

Für die kalt gerührte Erdbeerkonfitüre:
250 g Erdbeeren
1 Vanilleschote
3 EL Zitronensaft
180 g Gelierzucker „ohne Kochen“

FÜR 2 GLÄSER [À 150 ML]

ARBEITSZEIT: 15 MIN.

REIHENWECKEN MIT ERDBEERKONFITÜRE

FLUFFIGE MILCHBRÖTCHEN MIT FRUCHTTOPPING

Ganz ordentlich schmiegen sie sich aneinander, die leckeren süßen Hefebrötchen. Im Rheinland nennt man sie daher auch „Zeilenweck". Mit kalt gerührtem Erdbeeraufstrich sind sie eine Wucht!

1. Für den Vorteig Mehl, Milch und Hefe 5 Minuten in der Küchenmaschine oder mit den Knethaken des Handrührgeräts verkneten. Zugedeckt an einem warmen Ort 30 Minuten gehen lassen.

2. Für den Hauptteig Mehl, Milch, Zucker, Butter in Flöckchen, Ei, ½ TL Salz, Vanilleextrakt und Aroma zum Vorteig geben. Auf niedrigster Stufe 3 Minuten verrühren. Anschließend den Teig auf mittelhoher bis hoher Stufe 7 Minuten zu einem glatten, elastischen Teig verkneten. Den Teig zugedeckt an einem warmen Ort 15 Minuten gehen lassen.

3. Den Teig aus der Schüssel auf die bemehlte Arbeitsfläche stürzen, in 6 Portionen teilen und erst zu straffen Bällchen, dann diese zu etwa 10 cm langen Röllchen formen. Ein Backblech mit Backpapier auslegen und die Röllchen mit etwa 1 cm Abstand auf das Blech legen. Zugedeckt an einem warmen Ort weitere 25 Minuten gehen lassen.

4. Inzwischen den Backofen auf 180°C vorheizen. Das Eigelb mit 1 Prise Salz und 1 EL Wasser verquirlen und die Reihenwecken damit bestreichen. Nach Wunsch mit Hagelzucker bestreuen und auf der mittleren Schiene in den Ofen schieben. 1 Tasse Wasser auf den Backofenboden gießen, die Tür schließen und die Reihenwecken etwa 25 Minuten goldbraun backen. Die Reihenwecken aus dem Ofen nehmen und auf einem Kuchengitter abkühlen lassen. Möglichst frisch servieren.

5. Für die kalt gerührte Erdbeerkonfitüre die Erdbeeren verlesen, waschen und putzen. In Stücke schneiden und in eine Rührschüssel füllen. Die Vanilleschote längs aufschneiden und das Vanillemark herauskratzen. Vanillemark und Zitronensaft zu den Erdbeeren geben und alles mit dem Stabmixer fein pürieren. Den Gelierzucker hinzufügen und 1 Minute untermixen.

6. Die Masse bei Bedarf durch ein Sieb in eine Schüssel passieren. Die Erdbeerkonfitüre in zwei sterilisierte Gläser füllen und offen 2 Stunden in den Kühlschrank stellen – dies dient dazu, dass die Luft aus der Masse entweichen kann.

7. Die Gläser verschließen und die kalt gerührte Erdbeerkonfitüre im Kühlschrank aufbewahren. Sie hält sich etwa 2 Wochen.

aus ganz NRW

MENGPÜFFERT-CUPCAKES MIT KRÄUTER-KNOBLAUCH-TOPPING

SAFTIGE UND WÜRZIGE KARTOFFELKÜCHLEIN

Für diese bergische Spezialität mischt man traditionell geriebene Kartoffeln mit in den Brotteig. Diese geniale Idee stibitzen wir für unser Brunchbüfett und machen herzhafte Kartoffelteig-Küchlein mit einem Frosting, das die Geschmacksknospen tanzen lässt.

Für den Mengpüfferteig:
190 g vorwiegend festkochende Kartoffeln
200 g Mehl (Type 550)
Salz
7 g frische Hefe
frisch geriebene Muskatnuss

Zutaten für das Kräuter-Knoblauch-Topping:
1–2 Knoblauchzehen
½ Bund Schnittlauch
½ Bund Petersilie
150 g zimmerwarme Butter
150 g Frischkäse
Salz • Pfeffer aus der Mühle
1 Spritzer Zitronensaft
Paprikapulver (edelsüß)

Außerdem:
1 Muffinblech
Butter für die Form
2 Scheiben Frühstücksspeck
Spritzbeutel mit Rundtülle (1,5 cm)

1. Sechs Mulden des Muffinblechs dünn mit Butter ausfetten. **Für den Mengpüffertteig** die Kartoffeln schälen, waschen und fein in eine Schüssel reiben. Mehl, 100 ml lauwarmes Wasser, ¾ TL Salz, Hefe und 1 Prise Muskatnuss hinzufügen. Alles mit den Knethaken des Handrührgeräts 2 bis 3 Minuten verkneten.

2. Mengpüffertteig in die Mulden des Muffinblechs verteilen und zugedeckt an einem warmen Ort 1 Stunde gehen lassen. 15 Minuten vor Ende der Gehzeit den Backofen auf 220 °C vorheizen.

3. Die Cupcakes im Ofen auf der mittleren Schiene 10 Minuten backen. Ofentemperatur auf 200 °C zurückschalten und die Muffins weitere 15 Minuten goldbraun backen.

4. Cupcakes aus dem Ofen nehmen, 5 Minuten in der Form ruhen lassen und aus der Form nehmen. Auf einem Kuchengitter vollständig auskühlen lassen.

5. Für das Knoblauch-Kräuter-Topping den Knoblauch schälen und in feine Würfel schneiden. Die Kräuter waschen und trocken schütteln. Schnittlauch in Röllchen schneiden, Petersilie abzupfen und fein hacken.

6. Die Butter mit den Quirlen des Handrührgeräts schaumig schlagen und den Frischkäse unterrühren. Knoblauch und Kräuter unterrühren und die Masse mit Salz, Pfeffer, Zitronensaft und 1 Prise Paprikapulver würzen.

7. Den Frühstücksspeck in einer Pfanne ohne Fett knusprig braten und auf Küchenpapier abkühlen lassen.

8. Knoblauch-Kräuter-Topping in den Spritzbeutel füllen und jeweils 1 üppigen Klecks auf die Mengpüffert-Cupcakes setzen. Frühstücksspeck in jeweils 3 Stücke brechen, in das Knoblauch-Kräuter-Topping stecken und die Cupcakes servieren.

aus dem Bergischen Land

Etwas deftiger werden die Mengpüffert-Cupcakes, wenn Sie noch 90 g fein gewürfelten Schinkenspeck unter den Kartoffelteig mischen.

FÜR 6 STÜCK

ARBEITSZEIT: 20 MIN.

GEHZEIT: 1 STD.

BACKZEIT: 25 MIN.

EIFELER KANEELKRANZ

EINGEDREHTES ZIMTGEBÄCK

Anstatt des Weckchens isst so manch ein Eifeler zum Frühstück und zum Kaffeetrinken lieber einen Zimtkranz, besonders wenn's draußen kalt ist. Passt also auch perfekt zum Brunch! Kaneel ist Platt und heißt nichts anderes als Zimt.

Für den Teig:
¼ l Milch
½ Würfel Hefe (21 g)
80 g Zucker
500 g Mehl (Type 550)
Salz
100 g zimmerwarme Butter
1 TL Vanilleextrakt
1 Ei

Für die Füllung:
75 g weiche Butter
2 EL Zucker
1½ TL Zimtpulver
180 g Sultaninen (ersatzweise Korinthen)

Außerdem:
Butter zum Bestreichen
Mehl für die Arbeitsfläche
1 Eigelb
Salz

1. **Für den Teig** Milch lauwarm erwärmen, Hefe hineinbröckeln. 1 gehäuften EL Zucker hinzufügen und rühren, bis die Hefe sich aufgelöst hat. Etwa 10 Minuten gehen lassen, bis die Hefe anfängt, Blasen zu schlagen.

2. Das Mehl in eine Rührschüssel sieben. Restlichen Zucker, 1 TL Salz, Butter in Flöckchen, Vanilleextrakt, Ei sowie Hefemilch hinzufügen. Mit den Knethaken des Handrührgeräts oder in der Küchenmaschine den Teig 10 Minuten zu einem glatten, elastischen Teig verkneten.

3. Teig zu einer Kugel formen, mit wenig weicher Butter bestreichen und die Kugel mit der Naht nach unten zurück in die Schüssel legen. Zugedeckt an einem warmen Ort etwa 1 Stunde gehen lassen, bis sich die Teigmenge etwa verdoppelt hat.

4. Ein Backblech mit Backpapier auslegen. Teig auf der leicht bemehlten Arbeitsfläche zu einem Rechteck in etwa Backblechgröße ausrollen.

5. **Für die Füllung** den Teig dünn mit Butter bestreichen. Zucker und Zimt mischen und gleichmäßig über den Teig streuen. Sultaninen darüber verteilen.

6. Teig von einer langen Seite aus zu einer festen Rolle aufrollen. Die Rolle mit einem scharfen Messer der Länge nach halbieren. Hälften mit der offenen Seite nach oben über Kreuz legen und umeinanderwinden, sodass ein spiralförmiger Zopf entsteht.
Zu einem Kranz formen und auf dem Blech zugedeckt nochmals 30 Minuten gehen lassen.

7. Backofen auf 200 °C vorheizen. Eigelb mit 1 Prise Salz und 1 EL Wasser verquirlen und den Kaneelkranz damit bestreichen. Im Ofen auf der mittleren Schiene etwa 25 Minuten backen, bis er goldbraun ist und hohl klingt, wenn man von unten mit den Fingerknöcheln dagegenklopft.

8. Kaneelkranz aus dem Ofen nehmen, auf einem Kuchengitter auskühlen lassen und möglichst frisch servieren.

FÜR 1 KRANZ [CA. 1300 G]

ARBEITSZEIT: 25 MIN.

GEHZEIT: 100 MIN.

BACKZEIT: 25 MIN.

SEJERLÄNNER WOLVERNPANNKOOCHE

SIEGERLAND. BLAUBEEREN. PFANNKUCHEN.

Nicht mehr und nicht weniger als ein wunderbarer Pfannkuchenteig, der mit Blaubeeren gespickt goldbraun ausgebacken wird. Für den Brunch als Miniküchlein geformt, denn mehr wird man kaum davon schaffen, wenn's noch Eis und fruchtige Sauce dazu gibt!

Für die Blaubeersauce:
200 g Blaubeeren (Heidelbeeren)
20 g Zucker
100 ml Apfelsaft
½ TL Speisestärke

Für die Pfannkuchen:
50 g Butter
150 g Blaubeeren (Heidelbeeren)
2 Eier (Größe L)
90 g Zucker
1 Päckchen Vanillezucker
80 ml Milch
100 g Mehl
1 TL Backpulver
Salz
Butterschmalz zum Braten

Außerdem:
Vanilleeis (nach Belieben)

1. Für die Blaubeersauce die Beeren verlesen und waschen. Zucker in einem Topf bei mittlerer Hitze goldbraun karamellisieren. Saft und Beeren hinzufügen, aufkochen und etwa 2 Minuten sprudelnd kochen lassen.

2. Die Masse vom Herd nehmen und mit dem Stabmixer sehr glatt pürieren. Speisestärke in 1 EL Wasser auflösen. Aufgelöste Speisestärke in die Blaubeersauce rühren und unter Rühren 1 Minute sprudelnd kochen lassen. Die Sauce beiseitestellen.

3. Für die Pfannkuchen die Butter zerlassen und handwarm abkühlen lassen. Blaubeeren verlesen und waschen, 50 g beiseitestellen. Eier trennen. Eiweiße mit den Quirlen des Handrührgeräts zu luftigem Eischnee schlagen, dabei nach und nach 30 g Zucker einrieseln lassen.

4. In einer zweiten Schüssel Eigelbe mit dem restlichen Zucker und dem Vanillezucker schaumig schlagen. Unter Rühren erst die Butter und dann die Milch dazugeben. Mehl, Backpulver und 1 Prise Salz auf die Eigelbmasse sieben und unterrühren. Erst den Eischnee und dann die übrigen Blaubeeren mit einem Schneebesen unter den Teig heben.

5. Etwas Butterschmalz in einer Pfanne erhitzen und aus dem Teig bei mittlerer Hitze nach und nach kleine Pfannkuchen backen. Pfannkuchen auf zwei Teller verteilen, nach Belieben Vanilleeis daraufsetzen, mit der Blaubeersauce begießen und restliche Beeren darüberstreuen.

TIPP: Die fertig gebackenen Pfannkuchen können auf einem Teller im Backofen bei etwa 80 °C warm gehalten werden.

aus dem Siegerland

FÜR 2 PERSONEN
ARBEITSZEIT: 40 MIN.

RUND UM DEN SONNTAGSBRUNCH

Man könnte meinen, der gute alte „Brunch" ist vielerorts nicht mehr so richtig angesagt. Vielleicht ist es auch gut so, dass die Völlerei an Büfetts mit Platten voller Aufschnitt, Räucherfisch, Braten & Co. ausgedient hat. So kann man sich wieder auf das Wesentliche konzentrieren: der Fusion aus „Breakfast" und „Lunch" und der besten Speisen aus beiden Welten. Ein echtes kulinarisches und gesellschaftliches Highlight also!

GENIEẞEN UND PLAUDERN

Schon Ende des 19. Jahrhunderts wurde in Großbritannien daran appelliert, dass ein ordentlicher Brunch fröhlich anregend, aber durchaus entspannt und gemütlich sein solle. Stundenlang um den Tisch herumsitzen, immer wieder Häppchen genießen, plaudern, darum geht's. In unseren Gefilden zelebriert man ebenfalls seit Generationen auf diese stressfreie Weise den Sonntag, nämlich mit der Bergischen Kaffeetafel – kulturelles Erbe in NRW. Von Brot mit jedem erdenklichen Belag, über Waffeln, Milchreis und Eierspeisen – alles gehört dazu, sie ist wie ein verlängertes Frühstück.

„HOME MADE" – MIT LIEBE GEMACHT

Wir bei den Heimathäppchen gehen in Sachen Qualität keine Kompromisse ein, setzen auf Klasse statt Masse! Das sieht man auch bei der Auswahl unserer Brunchgerichte. Unsere Gäste verwöhnen wir mit liebevoll zubereiteten Besonderheiten. Sogar das Brot backen wir selbst und verarbeiten für den Aufstrich Käse aus der Region – versuchen Sie doch einmal unser Klever Landbrot mit Obazda, die Mühe lohnt sich! Und die Kürbiswaffeln z.B. schmecken auch kalt noch supergut.

Für gewöhnlich trudeln schon gegen 10 Uhr die ersten Gäste zum Brunch ein und es kann bis in den späten Nachmittag hinein dauern, bis sie dann wieder nach Hause gehen. Daher kann es ratsam sein, bei der Einladung eine Schlusszeit anzugeben.

> Die Bergische Kaffeetafel ist ein verlängertes Frühstück. Man sagt auch „Koffeedrenkens met allem Dröm on Dran".

NICHTS DEM ZUFALL ÜBERLASSEN

Brunch wird gern als Büfett angeboten, bei einer kleinen privaten Runde kann auch einfach der Esstisch mit feinen Häppchen bestückt werden. Wie so oft gilt auch hier: Gute Planung ist alles!

Tage vorher sollten Sie die „Hardware" prüfen – sind genug Stühle da? Muss etwas aufgebaut oder geliehen werden? Reichen Besteck und Kühlmöglichkeiten? Diese Fragen beantworten Sie sich am besten, bevor Sie die Gästeanzahl festlegen.

Die berühmte Bergische Kaffeetafel lädt zum Verweilen und stundenlangem Schlemmen ein.

Bergische Kaffeetafel mit Dröppelminna für den Kaffee

Können Sie auf Unterstützung zählen beim Kochen und Vorbereiten? Bitte rechtzeitig klären! Übernehmen Sie sich nicht, Sie wissen, das endet im Frust. Seien Sie also ehrlich zu sich selbst und, wenn nötig, dann bitten Sie um Hilfe, das ist schlau und keine Schande.

Die Mengen nicht zu knapp kalkulieren, bei einem Brunch will man sich durch das gesamte Angebot probieren und auf jeden Fall satt werden. Kleine Portiönchen von verschiedensten Speisen sind durchaus passend.

Genug Vorbereitungszeit einkalkulieren – z.B. den Einkauf samt Schreiben der Einkaufsliste mindestens zwei Tage vorher erledigen und die meisten Gerichte schon am Vortag zubereiten.

Agieren Sie umsichtig und vermeiden Sie Lebensmittelabfälle. Es ist sinnvoll, sich für Gerichte zu entscheiden, die man später z.B. gut einfrieren kann.

Zwischendurch immer mal wieder alles frisch auffüllen und den Tisch nicht direkt zu vollpacken. Essen, das im Kühlschrank bleibt, hält sich als Rest anschließend viel länger, als wenn es zuvor stundenlang im Raum stand.

WENIG AUFWAND, GROßER EFFEKT

Wer beim Einkauf auf optische Hingucker achtet, der kann allein dadurch schon tolle Effekte erzielen. Ungewöhnliche Brote, kunstvoll angerichtete Cupcakes sowie Minigemüse sorgen schnell für einen Aha-Moment. Kräuter-, Gemüse- oder Salatdeko ist voluminös – so sieht eine Platte gleich viel voller aus! Schöne Teller, Brettchen, Platten und Schälchen können viel Eindruck machen. Sie haben keine große Auswahl? Vielleicht können Sie sich was ausleihen? Das Wichtigste: Tun Sie sich und Ihren Gästen einen Gefallen – setzen Sie sich nicht zu sehr unter Druck. Ein gut gelaunter Gastgeber zählt mehr als das feinste Essen!

Für den Walnusskrokant:
100 g Walnusskerne
100 g Zucker
Salz

Für das Frischkäse-Topping:
250 g Frischkäse
50 g Puderzucker
½ TL Pumpkin Spice (oder mehr nach Geschmack; siehe Tipp)
½ TL abgeriebene Bio-Orangenschale

Zutaten für die Kürbiswaffeln:
400 g Hokkaidokürbis
125 g Butter
1 Vanilleschote
250 g Mehl
1 gehäufter TL Backpulver
Salz
3 Eier
75 g brauner Zucker

Außerdem:
Sonnenblumenöl für das Waffeleisen

FÜR 12 STÜCK

ARBEITSZEIT: 1 STD.

Der Walnusssskrokant schmeckt auch fein als Topping auf Joghurt, Eis oder Cremedesserts.

KÜRBISWAFFELN MIT FRISCHKÄSE-TOPPING

FÜR DEN GANZ GROẞEN AUFTRITT!

Waffeln gehören zur Bergischen Kaffeetafel und daher auch zum echten Heimathäppchen-Brunch! Wieso mit Kürbis? Weil es super schmeckt und den Teig gesünder macht! Zur Feier des Tages gibt's obendrauf ein stattliches Topping.

1. Für den Walnusskrokant ein Backblech mit Backpapier auslegen. Die Walnüsse grob hacken und in einer kleinen Pfanne ohne Fett anrösten, bis sie duften und golden werden. In einer kleinen Schale beiseitestellen.

2. In derselben Pfanne Zucker und 75 ml Wasser aufkochen und köcheln lassen, bis sich die Flüssigkeit bernsteinfarben färbt. 1 Prise Salz und die Nüsse unterrühren, auf das Blech gießen und abkühlen lassen. Falls die Masse in der Pfanne krümelig wird – das liegt daran, dass die Nüsse die Zuckermasse zu sehr herunterkühlen –, noch etwas Wasser hinzufügen und so lang erwärmen, bis die Masse wieder flüssig ist.

3. Für das Frischkäse-Topping Frischkäse, Puderzucker, Pumpkin Spice und Orangenschale glatt rühren. In ein Schälchen füllen und bis zum Verzehr im Kühlschrank aufbewahren.

4. Für die Kürbiswaffeln den Kürbis putzen, waschen und entkernen. Auf der groben Seite der Küchenreibe raspeln. Die Raspel in einer Pfanne in 25 g Butter unter Rühren andünsten. 1 bis 2 EL Wasser hinzufügen und die Kürbisraspel zugedeckt bei schwacher Hitze weich dünsten, dabei regelmäßig umrühren.

5. In der Zwischenzeit die restliche Butter zerlassen und lauwarm abkühlen lassen. Die Vanilleschote längs halbieren und das Mark herauskratzen. Das Waffeleisen vorheizen.

6. Mehl, Backpulver und 1 Prise Salz in eine Schüssel sieben. Weiche Kürbisraspel mit dem Stabmixer glatt pürieren. Eier, braunen Zucker und Vanillemark in einer weiteren Schüssel schaumig aufschlagen. Kürbispüree und Mehlmischung abwechselnd unterrühren. Zuletzt die flüssige Butter unterziehen.

7. Das Waffeleisen mit einem Backpinsel einfetten. Jeweils 1 kleine Schöpfkelle Teig in das Waffeleisen füllen und zu einer knusprigen Waffel backen. So aus dem Teig 12 Waffeln backen.

8. Den Walnusskrokant vom Backblech nehmen und grob hacken. Jeweils 2 Kürbiswaffeln auf Teller verteilen und 1 großzügigen Klecks Frischkäse-Topping darauf anrichten. Mit Walnusskrokant bestreuen und das restliche Frischkäse-Topping dazu servieren.

TIPP: Pumpkin Spice lässt sich ganz einfach selbst herstellen. Dafür 4 Teile Zimt mit je 1 Teil frisch geriebener Muskatnuss, Nelkenpulver und gemahlenem Piment mischen.

Für den Vorteig:
190 g mittleres Roggenschrot
375 g Buttermilch
0,5 g Trockenhefe

Für das Brühstück:
50 g altbackenes Schwarzbrot
50 g mittleres Weizenschrot

Für den Hauptteig:
110 g mittleres Roggenschrot
225 g mittleres Weizenschrot
110 g Sonnenblumenkerne
90 g Rübenkraut
15 g Salz
10 g Trockenhefe

Außerdem:
weiche Butter für die Form
1 Kastenform (25 cm Länge)

Für den Obazdn:
2 Frühlingszwiebeln
4 Radieschen
200 g Nieheimer Sauermilchkäse
200 g Frischkäse
2 Msp. gemahlener Kümmel
1 TL Paprikapulver (edelsüß)
Salz • Pfeffer aus der Mühle

FÜR 1 KASTENFORM

ARBEITSZEIT: 45 MIN.

GEHZEIT: 21 STD.

BACKZEIT: 90 MIN.

RUHEZEIT: 24 STD.

KLEVER SCHWARZBROT UND OBAZDA

NRW MEETS BAYERN

Ja, es ist mit einiger Arbeit und Zeit verbunden, bis dieses Prachtexemplar eines Brotes fertig ist – aber es lohnt sich! Klever Schwarzbrot ist superlecker und zusammen mit dem westfälischen Obazdn aus Nieheimer Sauermilchkäse haut einen der Geschmack um!

1. Am Vortag für den Vorteig Roggenschrot, Buttermilch und Hefe mischen und zugedeckt 18 Stunden bei Zimmertemperatur fermentieren lassen.

2. Am nächsten Tag für das Brühstück 125 g Wasser aufkochen. Das Schwarzbrot fein zerkrümeln und in einer Schüssel mit dem Weizenschrot mischen. Kochendes Wasser über die Mischung gießen und zugedeckt 1 Stunde quellen lassen.

3. Für den Hauptteig Vorteig, Brühstück, Roggenschrot, Weizenschrot, Kerne, Rübenkraut, Salz und Hefe in einer Rührschüssel mit den Knethaken des Handrührgeräts verkneten. Teig zugedeckt an einem warmen Ort 1 Stunde gehen lassen.

4. Die Kastenform einfetten. Den Teig einfüllen und mit nassen Händen glatt streichen. An einem warmen Ort 1 weitere Stunde gehen lassen.

5. In der Zwischenzeit den Backofen auf 240 °C vorheizen, dabei eine Auflaufform auf den Boden des Backofens stellen. Das Klever Schwarzbrot nochmals mit Wasser bestreichen, auf der mittleren Schiene in den Ofen schieben und 1 Tasse Wasser in die Auflaufform gießen.

6. Die Temperatur auf 180 °C zurückschalten und das Klever Schwarzbrot 90 Minuten backen. Aus dem Ofen nehmen und 15 Minuten in der Form auskühlen lassen. Aus der Form lösen, in ein sauberes Küchentuch wickeln und abkühlen lassen. Das Klever Schwarzbrot 24 Stunden im Geschirrtuch ruhen lassen, bevor es angeschnitten wird.

TIPP: Als Brühstück bezeichnet man mit kochender Flüssigkeit übergossenes Schrot oder altbackenes, zermahlenes Brot, das je nach Rezept mehr oder weniger lang quellen darf. Ein Brühstück macht das Brot saftig und hält es länger frisch.

7. Für den Obazdn die Frühlingszwiebeln putzen, waschen und in sehr feine Ringe schneiden. Radieschen putzen, waschen und in feine Würfel schneiden.

8. Sauermilchkäse in feine Würfel schneiden und unter den Frischkäse rühren. Käsemasse mit Kümmel, Paprikapulver, Salz und Pfeffer würzen und in ein Schälchen füllen. Mit dem vorbereiteten Gemüse bestreuen und bis zum Verzehr kühl stellen.

TIPP: Der Nieheimer Käse ist eine westfälische Spezialität aus dem gleichnamigen Ort. Einst etwas in Vergessenheit geraten, findet der fettarme, eiweißreiche Sauermilchkäse wieder viele neue Fans.

vom Niederrhein

aus Westfalen

HERZHAFTE VOLLKORNHÖRNCHEN

... MUTIG BELEGT ...

Wer braucht fettige Croissants, wenn er kernige Vollkornhörnchen haben kann? Und dann noch ausstaffiert mit einer typischen NRW-Spezialität: dem westfälischen Möpkenbrot!

Für die Vollkornhörnchen:
25 g Leinsamen
25 g kernige Haferflocken
150 g Buttermilch
200 g helles Vollkornmehl (alternativ eine Mischung aus 50 % Vollkornmehl und 50 % Mehl Type 550 oder nur Type 550)
1 TL Zucker • Salz
3 ½ g (½ Päckchen) Trockenhefe
70 ml Sonnenblumenöl
Mehl für die Arbeitsfläche
1 Eigelb
2 EL Sonnenblumenkerne (15 g)

Für den Belag:
6 Eier
Salz • Pfeffer aus der Mühle
1½ Zwiebeln
6 Scheiben Möpkenbrot (alternativ Panhas oder Blutwurst)
1 EL Sonnenblumenöl
etwas zimmerwarme Butter
6 Salatblätter
12 Tomatenscheiben
Rübenkraut (nach Belieben)

1. Für die Vollkornhörnchen Leinsamen und Haferflocken in ein Schälchen füllen. 50 g Buttermilch aufkochen, über die Mischung gießen und zugedeckt 1 Stunde stehen lassen.

2. Mehl, Zucker, ¼ TL Salz und Hefe in eine Schüssel füllen. Körnermischung mit Flüssigkeit und restliche Buttermilch hinzufügen und mit den Knethaken des Handrührgeräts grob verrühren. Öl hinzufügen und alles zu einem glatten Teig verkneten.

3. Teig zu einer straffen Kugel formen, mit der Naht nach unten zurück in die Schüssel legen und an einem warmen Ort 1 Stunde gehen lassen.

4. Ein Backblech mit Backpapier auslegen. Teig auf der bemehlten Arbeitsfläche zu einem Kreis von etwa 6 mm Dicke ausrollen, in 6 Dreiecke schneiden. Diese von der breiten Seite her zu Hörnchen rollen, mit Abstand auf das Blech legen. Zugedeckt noch mal 30 Minuten gehen lassen.

5. Backofen auf 180 °C vorheizen. Eigelb mit 1 Prise Salz verquirlen, Hörnchen damit bestreichen und mit den Kernen bestreuen. Im Ofen auf der mittleren Schiene etwa 15 Minuten goldbraun backen. Herausnehmen und abkühlen lassen.

6. Für den Belag Eier mit Salz und Pfeffer verquirlen. Zwiebeln schälen und in feine Scheiben schneiden. Möpkenbrot in einer Pfanne im Öl auf beiden Seiten knusprig braten. Herausnehmen und warm halten. Zwiebelscheiben im Bratfett anbräunen. Herausnehmen und beiseitestellen.

7. Pfanne auswischen, Butter darin zerlassen und Eier darin zu Rühreiern braten.

8. Hörnchen aufschneiden, mit Butter bestreichen und mit Salat, Tomaten und Rührei auslegen. Wurstscheiben halbieren und darauflegen. Mit Zwiebeln belegen und mit Rübenkraut beträufeln. Vollkornhörnchen zuklappen und sofort servieren.

Möpkenbrot ist eine Kochwurst mit Getreide. Sie wird in Westfalen traditionell mit Rübenkraut gegessen.

FÜR 6 STÜCK

ARBEITSZEIT: 45 MIN.

GEHZEIT: 2 STD.

BACKZEIT: 15 MIN.

Für den Teig:
½ Würfel Hefe (21 g)
1 TL Zucker
600 g Mehl
Salz
2 EL Olivenöl

Für die Füllung:
1 kleine Zwiebel
2 Knoblauchzehen
2 EL Olivenöl
300 g passierte Tomaten
100 ml Altbier
Salz • Pfeffer aus der Mühle
100 g westfälisches Rinderrauchfleisch (ersatzweise gekochter oder geräucherter Schinken)
100 g Nieheimer Schnittkäse
300 g Sauerkraut (aus der Dose)

Außerdem:
Mehl für die Arbeitsfläche
1 Ei

FÜR 8 STÜCKE

ARBEITSZEIT: 45 MIN.

GEHZEIT: 70 MIN.

BACKZEIT: 25 MIN.

PIZZARING

... GEFÜLLT MIT NRW!

Westfälisches Rinderrauchfleisch, saftiges Sauerkraut, Nieheimer Käse und Altbier in der Tomatensauce – da stellt sich nicht mehr die Frage, wo die nördlichste Region Italiens liegt! Mit diesem Pizzaring „all inclusive" sparen sich die Gäste das lästige Brotschmieren.

1. **Für den Teig** 200 ml lauwarmes Wasser in ein Schälchen gießen. Die Hefe hineinbröckeln, den Zucker dazugeben und alles verrühren. Etwa 10 Minuten stehen lassen, bis die Mischung Blasen schlägt.

2. Mehl und ½ TL Salz in eine Rührschüssel füllen, die Hefemischung hinzufügen und kurz vermischen. Öl zur Mehlmischung gießen und alles mit den Knethaken des Handrührgeräts oder von Hand 5 Minuten zu einem glatten, elastischen Teig verkneten. Den Teig zugedeckt an einem warmen Ort 1 Stunde gehen lassen.

3. In der Zwischenzeit **für die Füllung** die Zwiebel schälen und in feine Würfel schneiden. Knoblauch schälen und in feine Würfel schneiden. Das Olivenöl in einer Pfanne erhitzen, Zwiebel und Knoblauch darin bei mittlerer Hitze andünsten.

4. Passierte Tomaten und Altbier hinzufügen, aufkochen und dann bei schwacher Hitze köcheln lassen, bis eine sämige Pizzasauce entsteht. Die Sauce mit Salz und Pfeffer würzen und beiseitestellen.

5. Das Rinderrauchfleisch in Streifen schneiden. Den Käse reiben. Ein Backblech mit Backpapier auslegen und den Backofen auf 200 °C vorheizen.

6. Den Teig auf der leicht bemehlten Arbeitsfläche etwa 5 mm dick kreisförmig ausrollen und auf das Backblech legen. Auf halber Strecke vom Rand zur Mitte einen Kreis anzeichnen – wahlweise mit einem Messer ganz leicht einritzen (dabei den Teig nicht durchschneiden) oder eine entsprechend große Schüssel in den Teig drücken.

7. Den so entstandenen äußeren Teigring mit der abgekühlten Tomatensauce bestreichen, dabei am äußeren Rand etwa 1½ cm frei lassen. Den mit Tomatensauce bestrichenen Rand mit Sauerkraut und Rauchfleisch belegen und mit Käse bestreuen.

8. Mit einem Pizzaschneider oder scharfen Messer den inneren Teigkreis wie eine Torte in 8 dreieckige Stücke schneiden. Den frei gelassenen Rand über die Füllung nach innen klappen. Alle 8 Spitzen über die Füllung nach außen klappen und am Rand festdrücken, sodass ein Ring entsteht.

9. Das Ei verquirlen und die Oberfläche des Pizzarings gleichmäßig damit bestreichen. Pizzaring im Ofen auf der mittleren Schiene etwa 25 Minuten goldbraun backen. Pizzaring aus dem Ofen nehmen und zum Servieren in Stücke schneiden.

aus Westfalen

HERZHAFTE ARME RITTER

... ODER „FRENCH-TOAST-BLT'S"

„Vun nix kütt nix" – auch der Kölner weiß, dass man sich für den optimalen Genuss ins Zeug legen muss. Das altbackene Brot verwandelt sich hier in ein raffiniertes Sandwich. Und dafür wird getunkt, gebraten und gestapelt, was das Zeug hält!

Für das BLT-Sandwich:
2 Eigelb
2 TL Zitronensaft
1 TL Senf
Salz
Zucker
¼ l Sonnenblumenöl +
etwas Öl zum Braten
8 Blätter Eisbergsalat
2 Tomaten
200 g Frühstücksspeck

Für die Armen Ritter:
6 Eier
2 EL Milch
Salz
Cayennepfeffer
Pfeffer aus der Mühle
4 EL Sonnenblumenöl zum Braten (optional)
8 Scheiben helles Mischbrot (altbacken)

Außerdem:
8 Holzspießchen

1. Für das BLT-Sandwich Eigelbe, Zitronensaft, Senf, 2 bis 3 Prisen Salz und 2 Prisen Zucker in einen Mixbecher füllen. Das Öl hinzufügen, den Stabmixer so in den Mixbecher halten, dass er am Boden aufsetzt, und einschalten. Stabmixer vorsichtig hin und her bewegen und dann gerade nach oben ziehen, um so eine Mayonnaise zu mixen. Mayonnaise nochmals abschmecken und kühl stellen.

2. Eisbergsalat waschen und trocken tupfen. Die Tomaten waschen und in gleichmäßige Scheiben schneiden, dabei den Stielansatz entfernen. Etwas Öl in einer Pfanne erhitzen und den Frühstücksspeck bei mittlerer Hitze darin knusprig braten. Auf Küchenpapier abtropfen lassen und warm halten.

3. Bei Bedarf die Pfanne zwischendurch auswischen – wer mag, kann das Bratfett aber auch zum Braten der Armen Ritter weiterverwenden.

4. Für die Armen Ritter Eier, Milch, ½ TL Salz, 2 Prisen Cayennepfeffer und Pfeffer nach Geschmack in einem tiefen Teller mit einer Gabel verquirlen. Falls benötigt, Öl zum Braten in der Pfanne erhitzen.

5. Das Brot gründlich in die Eiermilch eintauchen und kurz abtropfen lassen. Bei mittlerer Hitze auf beiden Seiten knusprig braun braten (ggf. in 2 Portionen) und auf Küchenpapier abtropfen lassen.

Eine Seite der Armen Ritter mit Mayonnaise bestreichen und 4 Arme Ritter wie folgt belegen: zuerst 1 Salatblatt, jeweils ein Viertel der Tomatenscheiben – nach Wunsch mit Salz und Pfeffer würzen –, ein Viertel des Frühstücksspecks und wieder 1 Salatblatt. Mit den restlichen 4 Armen Rittern bedecken und jedes Sandwich diagonal halbieren. Sandwiches jeweils mit einem Holzspießchen sichern, auf Tellern anrichten und servieren.

aus ganz NRW

Für eine vegetarische Variante können Sie die Armen Ritter anstelle von Speck mit Mozzarella- oder Goudascheiben belegen.

FÜR 4 PERSONEN

ARBEITSZEIT: 30 MIN.

Dat grötste Stük is't Beste.

KAFFEEKLATSCH

KUCHEN UND TORTEN
* SATT! *

Für den Hefeteig:
250 g Mehl (Type 550)
100 ml Milch
40 g Zucker
50 g zimmerwarme Butter
1 Ei • ½ TL Salz
15 g frische Hefe

Für den Mürbeteig:
25 g Puderzucker
75 g Mehl (Type 405)
Salz • 50 g Butter

Für die Kirschfüllung:
1½ kg frische Sauerkirschen (alternativ 2 große Gläser Sauerkirschen à 350 g Abtropfgewicht)
150 g Zucker
½ l Kirschsaft
100 g Speisestärke

Für die Streusel:
125 g Zucker
125 g zimmerwarme Butter
Salz
¼ TL Vanillepaste
180 g Mehl (Type 405)

Außerdem:
Mehl für die Arbeitsfläche
1 Backblech (40 × 30 cm)
Puderzucker nach Belieben

FÜR 1 BACKBLECH

ARBEITSZEIT: 1 STD.

RUHEZEIT: 1 STD.

BACKZEIT: 40 MIN.

RHEINISCHER RIBBEL

KIRSCH-STREUSEL VOM BLECH

Mit diesem durchaus klassischen Hefekuchen lernt man wieder einmal etwas Mundart: Die Rheinländer sprechen gern vom „Ribbeln", wenn sie den Streuselteig mit den Fingern zerreiben – um die buttrigen Flocken dann liebevoll über der Obstmasse zu verteilen.

1. **Für den Hefeteig** alle Zutaten in eine Rührschüssel füllen, Hefe dazubröckeln und alles mit den Knethaken des Handrührgeräts auf der mittleren Stufe etwa 8 Minuten zu einem glatten, elastischen Teig verkneten. Zugedeckt an einem warmen Ort 45 Minuten gehen lassen.

2. In der Zwischenzeit **für den Mürbeteig** Puderzucker, Mehl und 1 Prise Salz in eine Schüssel sieben. Die Butter in kleine Würfel schneiden, zu der Mehlmischung geben und mit den Knethaken des Handrührgeräts zu einem glatten Teig verarbeiten. Sollte der Teig zu trocken sein, 1 Schuss Wasser unterkneten. Mürbeteig in Frischhaltefolie gewickelt 30 Minuten kühl stellen.

3. Währenddessen **für die Kirschfüllung** Sauerkirschen waschen, entsteinen und mit dem Zucker vermischt 10 Minuten stehen lassen. (Oder Kirschen aus dem Glas in einem Sieb abtropfen lassen.) Speisestärke in etwas Kirschsaft auflösen.

4. Restlichen Kirschsaft und gezuckerte Kirschen in einem Topf aufkochen. Topf vom Herd ziehen und die angerührte Speisestärke unterrühren. Mischung unter ständigem Rühren aufkochen und 1 Minute sprudelnd kochen lassen. Kirschkompott in eine Schüssel umfüllen und etwas abkühlen lassen.

5. Dem aufgegangenen Hefeteig auf die leicht bemehlte Arbeitsfläche legen. Mürbeteig hinzufügen und beides zu einem glatten Teig verkneten. Den sogenannten Zwillingsteig etwa auf Backblechgröße ausrollen, auf das Backblech legen und mit den Händen so zurechtdrücken, dass er das gesamte Blech ausfüllt. Mit einer Gabel den Teig in gleichmäßigen Abständen einstechen und weitere 15 Minuten gehen lassen.

6. Backofen auf 200 °C vorheizen. **Für die Streusel** Zucker, Butter, 1 Prise Salz und Vanillepaste mit den Quirlen des Handrührgeräts glatt rühren. Das Mehl hinzufügen und kurz unterarbeiten.

7. Die Kirschfüllung auf den Hefe-Mürbeteig-Boden streichen. Streuselmasse mit den Händen „darüberribbeln" und den rheinischen Ribbel im Ofen auf der mittleren Schiene etwa 40 Minuten goldgelb backen.

8. Aus dem Ofen nehmen und auf einem Kuchengitter auskühlen lassen. Nach Belieben vor dem Servieren mit Puderzucker bestäuben.

EIFELER RAHMKUCHEN

BESONDERS KREATIVER KÄSEKUCHEN

Noch um 1900 war Käsekuchen in Nord- und Süddeutschland fast unbekannt, während sich Rheinländer und Eifeler schon längst daran erfreuten. Diese Variante ist eine Sensation! Mit Sahne, gemahlenen Mandeln und Kokossraspeln einfach unwiderstehlich.

Für den Mürbeteig:
100 g gemahlene Mandeln
150 g kalte Butter
150 g Mehl
150 g Puderzucker
Salz • 1 Eigelb
¼ TL Vanilleextrakt
1 EL Eiswasser

Für die Rahmmasse:
115 g Butter
165 g Magerquark
165 g Sahne
115 g Zucker • Salz
1 Ei • 1 Eigelb
¼ TL Vanilleextrakt
30 g Speisestärke
30 g gemahlene Mandeln
30 g Kokosraspel

Außerdem:
Butter für die Form
1 quadratische Backform (20×20 cm)
Mehl für die Arbeitsfläche
Kokosraspel zum Bestreuen (nach Belieben)

1. **Für den Mürbeteig** die Mandeln in einer kleinen Pfanne ohne Fett bei mittlerer Hitze anrösten, bis sie goldgelb sind und duften. Dabei immer wieder umrühren. Mandeln auf einen flachen Teller geben und komplett auskühlen lassen.

2. Die Butter in kleine Würfel schneiden. Butter, Mandeln, Mehl, Puderzucker, 1 Prise Salz, Eigelb, Vanilleextrakt und Eiswasser in eine Rührschüssel füllen. Mit den Knethaken des Handrührgeräts zu einem glatten Teig verkneten.

3. Teig zu einer Kugel formen, in Frischhaltefolie wickeln, etwas flach drücken und 1 Stunde in den Kühlschrank legen.

4. Den Backofen auf 175 °C vorheizen. **Für die Rahmmasse** die Butter schmelzen und handwarm abkühlen lassen. Die Backform einfetten oder mit Backpapier auslegen.

5. Den Mürbeteig auf der leicht bemehlten Arbeitsfläche etwa 5 mm dick ausrollen. In der Größe der Backform zuschneiden und den Boden der Form damit auslegen. Gleichmäßig mit einer Gabel einstechen.

6. **Für die Rahmmasse** Butter, Quark, Sahne, Zucker, 1 Prise Salz, Ei, Eigelb, Vanilleextrakt, Speisestärke, gemahlene Mandeln und Kokosraspel mit den Quirlen des Handrührgeräts zu einer glatten Masse verrühren.

7. Die Masse auf dem Teig verteilen und im Ofen auf der mittleren Schiene etwa 30 Minuten goldbraun backen.

8. Eifeler Rahmkuchen aus dem Ofen nehmen und in der Form auf einem Kuchengitter vollständig abkühlen lassen. Aus der Form lösen, in Stücke schneiden und nach Belieben mit einigen Kokosraspeln bestreut servieren.

Der Mürbeteig kann auch schon im Voraus zubereitet werden. Er hält sich im Kühlschrank bis zu einer Woche. Keine Sorge, falls der Kuchen noch etwas wabbelig wirkt. Die Rahmmasse setzt sich beim Abkühlen.

FÜR 1 FORM [20 × 20 CM]

ARBEITSZEIT: 40 MIN.

KÜHLZEIT: 1 STD.

BACKZEIT: 30 MIN.

GÖTTLICHER KÄSEKUCHEN

UND DER BACKOFEN BLEIBT KALT!

Sie fragen sich, warum dieser Käsekuchen göttlich ist? Ganz einfach, er ist inspiriert von der berühmten Westfälischen Götterspeise. Heißt: Den No-Bake-Käsekuchen gibt's ganz typisch mit Kirschkompott, auch Pumpernickel spielt eine tragende Rolle.

Für den Boden:
125 g Pumpernickel
50 g Butter
25 g Zucker

Für die Käsekuchenmasse:
20 g Agar-Agar (oder 6 EL gemahlene Gelatine)
150 ml Milch
400 g Speisequark (40 % Fett)
90 g Zucker
1 Päckchen Vanillezucker
abgeriebene Schale von ½ Bio-Zitrone
250 g Sahne

Für das Kirschkompott:
20 g Zucker
150 ml Kirschsaft
3 TL Speisestärke
400 g abgetropfte Sauerkirschen

Für den Pumpernickelkrokant:
50 g Pumpernickel
50 g Puderzucker

Außerdem:
1 Springform (18 cm Durchmesser)

1. Den Boden der Springform mit Backpapier auslegen. **Für den Boden** den Pumpernickel im Blitzhacker zu feinen Bröseln verarbeiten. In einer Pfanne ohne Fett anrösten, bis die Brösel duften. Die Butter in einem kleinen Topf zerlassen. Zucker und Butter unter die Pumpernickelbrösel rühren, die Masse in die Springform füllen und gleichmäßig festdrücken. Abkühlen lassen.

2. Für die Käsekuchenmasse Agar-Agar und Milch in einem kleinen Topf verrühren, unter Rühren aufkochen und 2 Minuten sprudelnd kochen lassen. Vom Herd nehmen und kurz abkühlen lassen. Quark, Zucker, Vanillezucker und Zitronenschale gut verrühren. Die Sahne steif schlagen.

3. Agar-Agar-Mischung in die Quarkmasse rühren, die Sahne unterziehen und auf den Pumpernickelboden gießen. Die Masse glatt streichen und im Kühlschrank 3 Stunden durchkühlen lassen.

4. Für das Kirschkompott Zucker in einem Topf bei mittlerer Hitze karamellisieren, bis er bernsteinfarben ist. Mit dem Saft ablöschen und den Topf vom Herd ziehen. Speisestärke in etwas Wasser auflösen, in den Saft rühren und unter Rühren 1 Minute kochen lassen, bis die Stärke bindet. Kirschen hinzufügen und das Kompott abkühlen lassen.

5. Für den Pumpernickelkrokant Pumpernickel im Blitzhacker zu feinen Bröseln verarbeiten. In einer Pfanne ohne Fett anrösten, bis die Brösel duften. Puderzucker darüberstäuben, unterrühren und karamellisieren. Die Masse auf ein Stück Backpapier geben, möglichst glatt streichen und auskühlen lassen.

6. Den Pumpernickelkrokant mit einem großen Messer nicht zu fein hacken. Käsekuchen aus der Form lösen und auf eine Servierplatte setzen. Kirschkompott darübergießen und mit dem Krokant bestreut servieren.

aus Westfalen

Große Prinzessin, Hedelfinger Riesenkirsche oder Große Schwarze Knorpelkirsche – im Münsterland kennt und liebt man seine Kirschen. Sie werden zu allerlei köstlichen Süßspeisen verarbeitet.

FÜR 1 SPRINGFORM

ARBEITSZEIT: 40 MIN.

KÜHLZEIT: 3 STD.

Für den Mürbeteig:
375 g Mehl
1½ TL Backpulver
120 g Puderzucker
Salz
185 g zimmerwarme Butter
1 Ei
1 Eigelb
½ TL Vanillepaste

Für das Stachelbeerkompott:
1¼ kg Stachelbeeren
(frisch oder aus dem Glas)
400 ml Stachelbeersaft
(alternativ Apfelsaft)
30 g Zucker
3 Streifen Bio-Zitronenschale
100 g Speisestärke

Für die Baisermasse:
5 Eiweiß (Größe M)
150 g Zucker
75 g Puderzucker

aus ganz NRW

FÜR 1 BACKBLECH

ARBEITSZEIT: 35 MIN.

KÜHLZEIT: 1 STD.

BACKZEIT: 20 MIN.

STACHELBEER-BAISER-KUCHEN

SCHMECKT EINFACH HIMMLISCH!

Wo ein Bauerngarten in NRW, da ein Stachelbeerstrauch. Pur werden die früher als Knuscheln oder Knurschel bezeichneten Früchtchen fast nie gegessen, schmecken sie doch als süßer Kuchenbelag mit seidiger Baiserdecke einfach viel besser!

1. **Für den Mürbeteig** Mehl, Backpulver, Puderzucker und 1 Prise Salz in eine Schüssel sieben. Butter, Ei, Eigelb und Vanillepaste hinzufügen und alles mit den Knethaken des Handrührgeräts zu einem glatten Teig verkneten. Zu einem flachen Ziegel formen, in Frischhaltefolie wickeln und 1 Stunde kühl stellen.

2. In der Zwischenzeit **für das Stachelbeerkompott** die Stachelbeeren verlesen, waschen und Stiel- und Blütenansätze entfernen. Etwas Fruchtsaft abnehmen und beiseitestellen. Restlichen Saft mit dem Zucker, den Beeren und der Zitronenschale in einem Topf aufkochen und etwa 10 Minuten köcheln lassen, bis die Stachelbeeren weich werden.

3. Speisestärke mit dem zurückbehaltenen Saft glatt rühren. Stachelbeerkompott vom Herd ziehen und die Speisestärke unter ständigem Rühren hineingießen. Den Topf zurück auf den Herd stellen, Kompott aufkochen und 1 Minute sprudelnd kochen lassen. Vom Herd ziehen, in eine flache Schale gießen und beiseitestellen.

4. Den Backofen auf 200 °C vorheizen. Mürbeteig auf einem Stück Backpapier auf Backblechgröße ausrollen und auf das Backblech legen. Teig gleichmäßig mit einer Gabel einstechen und im Ofen auf der mittleren Schiene etwa 15 Minuten goldbraun backen.

5. Aus dem Ofen nehmen, das Blech auf ein Kuchengitter stellen und den Teig 15 Minuten abkühlen lassen. Währenddessen den Backofengrill vorheizen.

6. **Für die Baisermasse** die Eiweiße und den Zucker mit den Quirlen des Handrührgeräts zu glänzendem Eischnee aufschlagen. Den Puderzucker darübersieben und mit einem Teigspatel locker unterheben.

7. Stachelbeerkompott auf den Teigboden streichen. Baisermasse darauf verstreichen und unter dem Backofengrill etwa 5 Minuten grillen, bis die Baisermasse anfängt zu bräunen.

8. Den Stachelbeer-Baiser-Kuchen aus dem Ofen nehmen und auf einem Kuchengitter vollständig abkühlen lassen. In Quadrate oder Streifen geschnitten servieren.

TIPP: Werden Stachelbeeren aus dem Glas verwendet, dickt man den gesüßten Saft mit der Speisestärke an und hebt die abgetropften Beeren unter. Wer einen Flambierbrenner besitzt, kann die Baisermasse einfach damit abflämmen.

STECKRÜBENKUCHEN

WURZELGEMÜSE MAL GANZ SÜß!

Früher war man froh, dass man sie hatte, sowohl Steckrübe als auch Pastinake. Unzählige Mägen haben sie in schlechten Zeiten gefüllt. Dieser Kuchen ist eine Hommage an die alten Gemüsesorten – ganz modern wie ein Carrot Cake zubereitet.

Für den Kuchen:
200 g Steckrübe
200 g Pastinaken
50 g Zartbitterschokolade
160 g Mehl
60 g gemahlene Haselnüsse
½ TL Backpulver
½ TL Natron
Salz
¾ TL Zimtpulver
180 ml Haselnussöl (alternativ neutrales Öl)
125 g Zucker
125 g Farinzucker
2 Eier (Größe L)
½ TL Vanilleextrakt

Für die Glasur:
200 g Puderzucker
3 EL Wasser oder Rum
25 g Haselnussblättchen

Außerdem:
Butter und Mehl für die Form
1 Springform
(18 cm Durchmesser)

1. **Für den Kuchen** den Backofen auf 175 °C vorheizen. Den Boden der Springform mit Backpapier auslegen und die Ränder dünn einfetten und bemehlen. Überschüssiges Mehl abklopfen.

2. Steckrübe und Pastinaken schälen und auf der Küchenreibe fein raspeln. Schokolade mittelfein hacken. In einer Schüssel Mehl, Haselnüsse, Backpulver, Natron, 1 Prise Salz und Zimt mischen.

3. In einer zweiten Schüssel Haselnussöl, beide Zuckersorten, Eier und Vanilleextrakt gründlich verrühren. Mehlmischung mit einem Teigspatel unter die Ölmischung heben und das geraspelte Gemüse sowie die gehackte Schokolade unterziehen.

4. Teig in die Springform füllen, glatt streichen und im Ofen auf der mittleren Schiene etwa 1 Stunde backen (Stäbchenprobe machen!).

5. Steckrübenkuchen aus dem Ofen nehmen, 5 Minuten in der Form ruhen lassen und dann aus der Form lösen. Auf einem Kuchengitter komplett auskühlen lassen.

6. **Für die Glasur** den Puderzucker in eine Schale sieben. Flüssigkeit hinzufügen und mit einem Schneebesen zu einer glatten Glasur verarbeiten. Die Oberfläche des abgekühlten Kuchens damit überziehen und in der Mitte mit den Haselnussblättchen bestreuen. Die Glasur gut trocknen lassen. Zum Servieren in Stücke schneiden.

TIPP: Wer den Kuchen nicht ganz so „klitschig" mag, gibt noch 50 bis 100 g mehr Mehl dazu.

aus Ostwestfalen-Lippe

Für eine besonders glänzende Glasur den Backofen nochmals auf 150 °C vorheizen, ausschalten und den glasierten Kuchen 5 bis 10 Minuten hineinstellen.

FÜR 1 SPRINGFORM

ARBEITSZEIT: 25 MIN.

BACKZEIT: 1 STD.

KAFFEEKLATSCH: GELEBTE TRADITION

Vor der Digitalisierung waren die Menschen darauf angewiesen, sich zu treffen und Neuigkeiten persönlich auszutauschen. Denken Sie sich ruhig einmal in diese gute alte Zeit zurück! Hat der Kaffeeklatsch heute auch ein verstaubtes Image, war er einst ein wichtiges kommunikatives Ereignis für Frauen. Lassen Sie uns diese Tradition feiern!

GESPRÄCHSKULTUR UND GASTLICHKEIT

Das Zusammenkommen eines eingeschworenen Zirkels an einem privaten Tisch war ungemein wichtig für die weibliche Emanzipation. Denn nur die Damen trafen sich zum Kaffeeklatsch. Männer kamen in Gaststätten und Kaffeehäusern zusammen, für Frauen aber war das nicht schicklich und so wählte man für ein Treffen den eigenen Esstisch. Hier präsentierte man den Freundinnen stolz das neue Kaffeeservice, die schicke Tischwäsche oder auch einfach nur ein völlig neues Kuchenrezept. Dazu gab es Kaffee, Eierlikör oder Sekt. Aber der Kaffeeklatsch war auch mehr, um nicht zu sagen konspirativ! Bei so manch einer Runde ging es sicher um brisante Themen, um intime Geschichten, um Politik. Ob junge Fräuleins oder reife Damen – sie alle pflegten diese wunderbare Gesprächskultur.

An solch einer hübsch gedeckten Kaffeetafel lassen sich Neuigkeiten besonders gut austauschen.

DER GENUSS KOMMT NICHT ZU KURZ

In Deutschland schwört der Kuchenfan ganz traditionell auf Schwarzwälder Kirsch-, Apfel- und Käsesahnetorte. Hoch im Kurs steht auch alles mit Nüssen und Gebäck wie Marmor- und Streuselkuchen. Die Backkultur in NRW unterscheidet sich im Großen und Ganzen wenig von der in anderen Bundesländern. Es gibt allerdings charmante regionale Eigenheiten, wie z.B. die Grillagetorte. Die Heimathäppchen greifen oft Standards auf und verpacken einfache Rezepte neu und spannend – so sind unter anderem die Grießpäckchen oder die Milchreisbällchen eine tolle Bereicherung für Ihren Kaffeeklatsch!

SAHNETORTEN – DAS SOLLTEN SIE BEACHTEN

Aus hygienischer Sicht muss man sich um Backwaren mit durchgebackenen Füllungen kaum Sorgen machen. Sie werden höchstens trocken, beginnen nach länger Zeit zu schimmeln und müssen dann natürlich entsorgt werden. Sobald frische Cremes mit Sahne oder sogar rohem Ei ins Spiel kommen, wird es jedoch ernst. Bakterien aller Art schätzen diesen zuckrigen, feuchten Lebensraum und werden sich hier schnell vermehren. Dazu zählen auch Krankheitserreger, die arge Bauchschmerzen und Schlimmeres auslösen können. Daher gilt: Bei solchen Torten ist die Kühlkette jederzeit strikt einzuhalten! Heißt: Generell ist es ratsam, eine Sahnetorte, ob selbst gemacht oder gekauft, noch am gleichen Tag zu verzehren. Das schaffen Sie nicht? Dann machen Sie es so: Nach dem Zubereiten direkt kühl stellen. Dann den Gästen am Tisch präsentieren, Stücke verteilen und den Rest der Torte sofort wieder zurück in den Kühlschrank stellen. Bei 4° bis −7°C kann sie dort gut abgedeckt bis zum nächsten Tag lagern.

»BEI TORTEN IST DIE KÜHLKETTE JEDERZEIT STRIKT EINZUHALTEN!«

Konspiratives Treffen der besonderen Art: Der Kaffeeklatsch war ungemein wichtig für die weibliche Emanzipation.

EINFRIEREN UND AUFTAUEN

Gebäck jeglicher Art können Sie gut einfrieren. Praktisch ist es, den Kuchen vorher in Stücke bzw. Scheiben zu schneiden und dann portionsweise einzufrieren. Bei größeren Gefrierbehältern legen Sie am besten ein Stück Backpapier zwischen die einzelnen Kuchenstücke, so können Sie auch nur mal ein einzelnes herausfischen und auftauen. Sahne- und Buttercremetorten bitte immer nur (langsam) im Kühlschrank auftauen. Trockenes kann man auch im Ofen entfrosten.

TROCKENE KUCHENRESTE CLEVER VERWERTEN

- Reste von Marmor- oder Sandkuchen einfach grob zerkleinern und mit Zucker karamellisieren – die Brösel schmecken toll als knuspriges Topping auf Desserts.

- Egal, was für ein Kuchen bei Ihnen trocken geworden ist – als Basis für einen leckeren Trifle taugt er allemal! Grobe Stückchen des Kuchens in einer Schale verteilen und mit Orangensaft oder einer Spirituose Ihrer Wahl (z.B. Orangen- oder Mandellikör) tränken. Dann nur noch (klein geschnittenes) Obst sowie eine Creme (auf Joghurt-, Sahne-, Quark- oder Mascarponebasis) obendrauf und der Genuss ist perfekt.

- Staubtrockenen Rührkuchen ringsherum mit einem Spieß einstechen und in die Löcher dann Sirup, Honig oder Saft laufen lassen – das wird ein völlig neues Geschmackserlebnis!

KNUSPRIGE GRIESSPÄCKCHEN MIT SULTANINENKOMPOTT

KLASSIKER IM KNUSPERMANTEL

Zum echten Westfälischen Grießpudding gibt's Rumrosinen und Kompott – wir kombinieren beides! Und der Grieß wird in Strudelteig gewickelt – keine Panik, das geht ganz einfach! Dann nur noch frittieren – und schlemmen.

Für den Strudelteig:
150 g Mehl (Type 550)
Salz
Sonnenblumenöl zum Begießen

Für die Grießfüllung:
700 ml Milch
160 g Zucker
Salz
140 g Weichweizengrieß
¼ TL Vanillepaste
abgeriebene Schale von 1 Bio-Zitrone

Für das Sultaninenkompott:
150 g Sultaninen
30 g brauner Zucker
Saft von 1 Bio-Zitrone
1 EL Rum (nach Belieben)

Außerdem:
Fett oder Öl (siehe Tipp) zum Ausbacken
Puderzucker zum Bestäuben

1. **Für den Strudelteig** Mehl, 1 Prise Salz und 90 ml Wasser mit den Knethaken des Handrührgeräts 5 Minuten zu einem glatten, elastischen Teig verkneten. Teig in 6 gleich große Stücke teilen und zu runden Bällchen formen. Teigbällchen in einen tiefen Teller legen und mit reichlich Sonnenblumenöl begießen – es sollte etwa bis zur Mitte der Teigbällchen reichen. Teigbällchen im Öl wenden und 1½ Stunden ruhen lassen, dabei immer wieder im Öl wenden.

2. In der Zwischenzeit **für die Grießfüllung** die Milch mit dem Zucker und 1 Prise Salz aufkochen. Unter ständigem Rühren den Grieß einrieseln lassen und unter Rühren 1 bis 2 Minuten kochen, bis die Masse eindickt. Vom Herd ziehen, Vanillepaste und Zitronenschale unterrühren und den Grießbrei in die Backform gießen. Etwas abkühlen und dann im Kühlschrank fest werden lassen.

3. **Für das Sultaninenkompott** Sultaninen, ¼ l Wasser und Zucker aufkochen und offen 5 Minuten sprudelnd kochen lassen. Vom Herd nehmen, einen Deckel auflegen und 30 Minuten ziehen lassen. Dann Zitronensaft und nach Belieben Rum unterrühren und Kompott bis zum Verzehr kühl stellen.

4. Das Frittierfett auf 180 °C erhitzen. Grießfüllung in 6 Rechtecke schneiden. Jeweils 1 Strudelteigbällchen auf der Arbeits fläche zu einem hauchdünnen Kreis ausziehen, mit jeweils 1 Stück Grießfüllung belegen und den Teig darüber einschlagen, dabei die Ränder gut andrücken.

5. Die Strudelpäckchen portionsweise im heißen Fett goldbraun ausbacken, herausnehmen und auf Küchenpapier abtropfen lassen. Mit Puderzucker bestäuben und mit dem Sultaninenkompott anrichten.

aus ganz NRW

Das Öl, in dem die Teigbällchen gewendet werden, kann noch zum Ausbacken der Grießpäckchen verwendet werden. Die Grießpäckchen schmecken warm super, können aber auch abgekühlt serviert werden.

FÜR 6 STÜCK

ARBEITSZEIT: 45 MIN.

RUHEZEIT: 1½ STD.

Für die Buttercreme:
20 g Speisestärke
$\frac{1}{4}$ l Milch
Mark von 1 Vanilleschote
35 g Zucker
125 g Butter

Für den Rühreig:
125 g Mehl (Type 405)
5 g Backpulver
85 g zimmerwarme Butter
85 g Zucker
1 Päckchen Vanillezucker
Salz
2 Eier (Größe M)
7 g Kakaopulver
2 EL Milch
1 kleines Glas Schattenmorellen
(370 ml)

Außerdem:
1 Springform
(18 cm Durchmesser)
Butter und Mehl für die Form
100 g Zartbitterkuvertüre
1 gehäufter TL Butter

FÜR 1 SPRINGFORM

ARBEITSZEIT: 45 MIN.

BACKZEIT: 40 MIN.

KÜHLZEIT: 14 $\frac{1}{2}$ STD.

SCHNEEWITTCHENKUCHEN

WEIß, ROT, SCHWARZ IN PERFEKTION

Weiß wie Buttercreme, rot wie Kirschen und schwarz wie Schokolade – dieser Kuchen ist einfach nur wunderbar! Manch einer nennt ihn Donauwelle – hier in NRW halten wir uns an das berühmte Märchen der Gebrüder Grimm.

1. Am Vortag für die Buttercreme die Speisestärke mit 2 bis 3 EL Milch glatt rühren. Restliche Milch mit Vanillemark und Zucker in einem Topf aufkochen. Vom Herd ziehen, die angerührte Speisestärke einrühren und zurück auf den Herd stellen. Unter ständigem Rühren aufkochen und etwa 1 Minute kochen lassen, bis die Masse bindet.

2. Vom Herd nehmen, in eine Schüssel gießen und sofort ein Stück Frischhaltefolie direkt auf den heißen Pudding legen. Abkühlen lassen und bis zum nächsten Tag im Kühlschrank aufbewahren.

3. Am nächsten Tag für den Rührteig den Backofen auf 180 °C vorheizen. Den Boden der Springform mit Backpapier auslegen, den Rand mit etwas Butter einfetten und mit Mehl bestäuben, das überschüssige Mehl abklopfen.

4. Mehl und Backpulver in eine Schüssel oder auf ein Stück Backpapier sieben. Butter, beide Zuckersorten und 1 Prise Salz in einer Schüssel mit den Quirlen des Handrührgeräts schaumig rühren. Eier und Mehlmischung abwechselnd unterrühren, die Hälfte des Teigs in die Springform füllen und glatt streichen.

5. Kakaopulver und Milch unter die zweite Teighälfte rühren, auf den hellen Teig gießen und glatt streichen. Schattenmorellen abtropfen lassen, gleichmäßig auf dem Teig verteilen und leicht hineindrücken.

6. Den Kuchen im Ofen auf der mittleren Schiene 40 bis 45 Minuten backen (Stäbchenprobe machen!). Kuchen aus dem Ofen nehmen und in der Form auf einem Kuchengitter vollständig abkühlen lassen.

7. Pudding und Butter aus dem Kühlschrank nehmen und Raumtemperatur annehmen lassen, während der Kuchen abkühlt. Mit den Quirlen des Handrührgeräts die Butter weißschaumig aufschlagen. Den Pudding löffelweise unterrühren, bis eine glatte Creme entsteht.

8. Kuchen vorsichtig vom Springformrand lösen, aus der Form nehmen und das Backpapier abziehen. Kuchen auf eine Servierplatte setzen und den Springformrand wieder um den Kuchen herumlegen. Buttercreme auf den Kuchen füllen und glatt streichen. Kuchen im Kühlschrank mindestens 1½ Stunden durchkühlen lassen.

9. Inzwischen die Kuvertüre hacken, mit der Butter über dem heißen Wasserbad schmelzen und glatt rühren. Auf den gut gekühlten Kuchen gießen und verstreichen. Nochmals etwa 1 Stunde zum Aushärten in den Kühlschrank stellen. Zum Servieren den Springformrand entfernen und den Schneewittchenkuchen in Stücke schneiden.

aus dem Siebengebirge

FRITTIERTE MILCHREISBÄLLCHEN

MIT SCHOKOKERN

Milchreis gehört unbedingt zum „Kaffeedrengen mit allem Dröm un Dran“, heißt zur Bergischen Kaffeetafel, dazu. Hier gibt's jetzt den Milchreis in einer ganz besonders leckeren Form: Runde Bällchen werden gerollt, gefüllt, paniert und landen dann im Fett.

125 g Milchreis
60 g Zucker
Salz
½ l Milch
¼ TL Vanillepaste
9 Stückchen Vollmilchschokolade (alternativ Zartbitter oder die persönliche Lieblingsschokolade)
30 g Mehl
1 Messerspitze Zimtpulver
1 Ei (Größe L)
60 g Paniermehl
Fett zum Ausbacken

1. **Am Vortag** Milchreis, Zucker, 1 Prise Salz, Milch und Vanillepaste in einen ausreichend großen Topf füllen und aufkochen. Dann den Reis bei schwacher Hitze etwa 20 Minuten köcheln lassen, bis er die Milch fast vollständig aufgesogen hat. Dabei regelmäßig umrühren.

2. Topf vom Herd nehmen, den Deckel auflegen und den Milchreis weitere 10 Minuten ruhen lassen. In eine Schüssel umfüllen, zudecken und über Nacht in den Kühlschrank stellen.

3. **Am nächsten Tag** die Schokoladenstücke halbieren. Mehl und Zimt in einem tiefen Teller mischen. Ei und 2 EL Wasser in einem zweiten tiefen Teller verquirlen. Das Paniermehl in einen dritten Teller füllen.

4. Das Fett in einer Fritteuse oder in einem Topf auf dem Herd auf 180 °C erhitzen. Mit angefeuchteten Händen je 1 EL Milchreis in der Handfläche flach drücken und 1 Stück Schokolade darauflegen. Schokolade mit dem Milchreis umhüllen und zu runden, etwa aprikosengroßen Bällchen rollen.

5. Die Milchreisbällchen zuerst im Zimtmehl wälzen und überschüssiges Mehl abschütteln. Dann durch das Ei ziehen und zuletzt im Paniermehl wenden.

6. Panierte Milchreisbällchen im heißen Fett etwa 5 Minuten goldbraun ausbacken. Mit einem Schaumlöffel herausheben, kurz auf Küchenpapier abtropfen lassen und noch warm servieren.

FÜR 18 STÜCK
ARBEITSZEIT: 45 MIN.
KÜHLZEIT: 12 STD.

RHEINISCHE GRILLAGETORTE

FESTLICHE EISKREATION

Außerhalb des Rheinlands ist sie so gut wie unbekannt, die halb gefrorene Grillagetorte. Baiser, knuspriger Krokant, Schokolade und Sahnecreme werden hier kunstvoll vereint. Hier die Heimathäppchen-Variante.

Für das Baiser:
4 Eiweiß (Größe L)
Salz
120 g Zucker
120 g Puderzucker
1 EL Speisestärke

Für den Krokant:
225 g Zucker
225 g gehackte Haselnüsse

Für die Sahnecreme:
225 g Zartbitterschokolade
1,2 kg Sahne
150 g Zucker
½ TL Vanillepaste
1½ EL Rum (nach Belieben)

Außerdem:
1 Springform
(26 cm Durchmesser)
1 Spritzbeutel mit Lochtülle
(15 mm)

1. Für den Baiser Backofen auf 90 °C vorheizen. Auf die Rückseite eines Backpapierbogens einen Kreis (25 cm Durchmesser) aufzeichnen. Eiweiße und 1 Prise Salz aufschlagen. Zucker nach und nach einrieseln lassen und weiterschlagen, bis ein fester Schnee entstanden ist. Puderzucker und Stärke darübersieben und vorsichtig unterheben.

2. Die Masse in einen Spritzbeutel füllen und etwa drei Viertel davon spiralförmig in den vorgezeichneten Kreis spritzen. Restliche Masse in einem zusammenhängenden Rechteck neben den runden Boden spritzen. Im Ofen bei leicht geöffneter Tür etwa 2 Stunden trocknen lassen. Abkühlen lassen.

3. Inzwischen für den Krokant ein Backblech mit Backpapier auslegen. Zucker und 150 ml Wasser aufkochen und kochen lassen, bis die Flüssigkeit sich bernsteinfarben färbt. Haselnüsse unterrühren, auf das Blech gießen und abkühlen lassen.

4. Für die Sahnecreme Schokolade und Krokant fein hacken und jeweils 5 EL beiseitestellen. Viereckiges Baiser zerbröseln und ebenfalls 5 EL beiseitestellen. Sahne mit Zucker und Vanillepaste steif schlagen und nach Belieben Rum unterrühren. Etwa ein Viertel der Sahne abnehmen und beiseitestellen. Übrige Schokolade, Krokant und Baiser unter die restliche Sahne heben.

5. Den Boden der Springform mit Backpapier auslegen und den runden Baiserboden hineinlegen. Sahnemischung in die Form geben und glatt streichen. Die restliche Sahne in den Spritzbeutel füllen und Grillagetorte mit Tupfen verzieren.

6. Die Form mit Frischhaltefolie zudecken und die Torte mindestens 4, besser 6 Stunden oder über Nacht, einfrieren. 15 Minuten vor dem Servieren aus dem Tiefkühlfach nehmen, aus der Form lösen und auf einer Servierplatte leicht antauen lassen. Mit restlicher Schokolade, übrigem Krokant und Baiser bestreuen.

Man kann der Torte auch einen Krokantboden verpassen und Ei mit in die Sahne mischen, dann ist sie hinterher nicht ganz so fest.

FÜR 1 SPRINGFORM

ARBEITSZEIT: 40 MIN.

BACKZEIT: 2 STD.

KÜHLZEIT: MIND. 4 STD.

Do si' mer dobei.

GRILLEN

„JET SPASS UN FREUD"
* AM GRILL *

KOTELETTS MIT APFEL-KRÄUTER-FÜLLUNG

ZUR PERFEKTION GEGRILLT

Am Niederrhein serviert man Koteletts gern knusprig paniert und goldbraun ausgebacken zu Kartoffelpüree und grünem Gemüse – wir aber machen ein „Paket“ daraus und packen eine fruchtig-würzige Masse hinein. Rauf auf den Grill und mit Freude genießen!

Für die Apfel-Kräuter-Füllung:
2 Schalotten
3 kleine säuerliche Äpfel (z. B. Boskoop)
30 g Butter
Salz • Pfeffer aus der Mühle
frisch geriebene Muskatnuss
1 TL Apfelessig
je 2 Zweige Thymian, Rosmarin und Majoran

Außerdem:
6 dick geschnittene Schweinekoteletts (à ca. 3 cm Dicke)
etwas Sonnenblumenöl
6 Rouladennadeln

1. Den Grill vorheizen. **Für die Apfel-Kräuter-Füllung** die Schalotten schälen und in feine Würfel schneiden. Die Äpfel schälen, vierteln und das Kerngehäuse entfernen. Das Fruchtfleisch in feine Würfel schneiden.

2. Die Butter in einer Pfanne erhitzen, Schalotten und Äpfel darin andünsten, bis die Schalotten glasig sind und die Äpfel weich werden. Mit Salz, Pfeffer, 1 Prise Muskatnuss und dem Apfelessig würzen und vom Herd nehmen.

3. Die Kräuter waschen und trocken schütteln, Blättchen bzw. Nadeln abzupfen, fein hacken und Kräuter fein hacken und unter die Apfelmischung rühren.

4. In die Koteletts jeweils eine Tasche schneiden und innen und außen mit Salz und Pfeffer würzen. Mit der Apfelmischung füllen und die Öffnung mit einer Rouladennadel zustecken.

5. Gefüllte Koteletts von beiden Seiten dünn mit Öl einpinseln und auf dem Grill auf beiden Seiten jeweils etwa 8 Minuten grillen.

6. Koteletts mit Apfel-Kräuter-Füllung vom Grill nehmen und 5 Minuten ruhen lassen. Dann die Rouladennadeln entfernen und die Koteletts servieren.

TIPP: Die Füllung kann man in einer gusseisernen Pfanne ebenfalls auf dem Grill zubereiten.

vom Niederrhein

FÜR 6 PERSONEN

ARBEITSZEIT: 35 MIN.

GRILLFACKELN

„SCHRITT ZURÜCK, PAPA GRILLT!"

Die Heimathäppchen schenken nicht nur allen NRW-Papis ein leckeres Grillrezept – es ist universell und verspricht rustikalen und würzigen Grillspaß! Die Grillfackeln aus Schweinebauch werden aufgemotzt mit Bärlauchmarinade und Knofi-Dip.

Für die Marinade:
2 Bund Bärlauch
2 Knoblauchzehen
200 ml Sonnenblumenöl
Paprikaflocken
4 EL Zitronensaft
Salz • Pfeffer aus der Mühle

Für den Schmanddip:
2 Knoblauchzehen
300 g Schmand
60 g saure Sahne
4 EL scharfer Senf
Salz • Pfeffer aus der Mühle

Außerdem:
6 Scheiben Schweinebauch (ohne Knorpel und Schwarte; 1 cm dick geschnitten)
Einmalhandschuhe
6 Grillspieße

1. **Für die Marinade** Bärlauch waschen, gut trocken schütteln und grob zerschneiden.

2. Knoblauch schälen und halbieren. Bärlauch, Knoblauch, Öl, 2 Prisen Paprikaflocken, Zitronensaft, Salz und Pfeffer in einem Rührbecher mit dem Stabmixer zu einer glatten Würzpaste pürieren.

3. Schweinebauch in eine flache Schale legen und etwa die Hälfte der Marinade darübergießen. Handschuhe anziehen und die Marinade etwa 5 Minuten in das Fleisch einmassieren, die Schale mit Frischhaltefolie abdecken und das Fleisch im Kühlschrank 30 Minuten durchziehen lassen.

4. Inzwischen den Grill vorheizen. Falls Holzspieße verwendet werden, diese 20 Minuten in kaltem Wasser einweichen, damit sie nicht verbrennen.

5. **Für den Schmanddip** Knoblauch schälen und in ein Schälchen pressen. Restliche Zutaten hinzufügen, glatt rühren und nochmals abschmecken. Bis zum Verzehr kühl stellen.

6. Einen Grillspieß von unten durch eine Schmalseite eines Streifens Schweinebauch stechen und den Schweinebauch am Spieß nach unten schieben. Schweinebauch so um den Spieß wickeln, dass die Fettseite außen liegt, und das letzte Stückchen ebenfalls aufspießen, um die Grillfackel zu fixieren.

7. Auf dem Grill (oder auf einem Backblech unter dem Backofengrill) etwa 15 Minuten grillen, bis die Grillfackeln knusprig sind. Dabei regelmäßig wenden und ein- bis zweimal mit der zurückbehaltenen Marinade bepinseln. Grillfackeln noch heiß mit dem Schmanddip servieren.

TIPP: Übrige Marinade hält sich in einem Schraubglas im Kühlschrank bis zu 2 Wochen. Sie kann auch als Würzpaste – beispielsweise für Salatsaucen – verwendet oder für einen schnellen Dip in Joghurt oder saure Sahne gerührt werden.

aus ganz NRW

FÜR 4 PERSONEN

ARBEITSZEIT: 15 MIN.

MARINIERZEIT: 30 MIN.

GRILLHÄHNCHEN

MIT RÜBENKRAUT-KÖLSCH-MARINADE

Lust auf was anderes als Würstchen und Steak vom Grill? Wie wär's mit einem ganzen Huhn? Mit der regional inspirierten Würze wirklich superlecker. Damit es gar ist, bevor es verkohlt, müssen ein paar Knochen entfernt werden. Was für starke Nerven also ...

Für die Marinade:
1 Knoblauchzehe
1 Chilischote
150 ml Kölsch
3 EL Rübenkraut
1 TL Tomatenmark
¼ TL Paprikapulver (edelsüß)
¼ TL geräuchertes Paprikapulver

Für das Grillhähnchen:
1 Hähnchen (ca. 1,1 kg; küchenfertig)
Salz • Pfeffer aus der Mühle

1. **Für die Marinade** den Knoblauch schälen und in feine Würfel schneiden. Die Chilischote längs halbieren, nach Belieben entkernen, waschen und ebenfalls in feine Würfel schneiden. Beides mit den restlichen Marinadezutaten in einem Topf mischen, einmal aufkochen und anschließend abkühlen lassen.

2. **Für das Grillhähnchen** den Grill vorheizen. Das Hähnchen innen und außen waschen, trocken tupfen und mit der Brustseite nach unten auf eine Arbeitsfläche legen. Mit einer Geflügelschere links und rechts an der Wirbelsäule vorbeischneiden, um diese zu entfernen. (Falls keine Geflügelschere vorhanden ist, das Hähnchen mit dem Rücken auf ein Brett legen und mit einem großen, stabilen Messer ebenfalls links und rechts an der Wirbelsäule vorbeischneiden.) Das Hähnchen am Brustbein vorsichtig, aber mit Kraft auseinanderdrücken, sodass beide Hähnchenhälften gerade nebeneinanderliegen.

3. Mit einem Küchenpinsel gleichmäßig Marinade auf das Hähnchen auftragen und mit Salz und Pfeffer würzen. Auf dem Grill das Hähnchen mit der Hautseite nach unten nicht zu nah über der Glut auf den Rost legen, da das Hähnchen sonst von außen verbrennt, bevor es innen gar ist. Auf jeder Seite 15 bis 20 Minuten grillen, dabei regelmäßig mit etwas Marinade bepinseln.

4. Alternativ das Hähnchen mit der Hautseite nach oben auf ein mit Backpapier belegtes Backblech legen und im Backofen bei 170 °C (Umluft) etwa 45 Minuten backen. Dabei ebenfalls regelmäßig mit der Marinade einpinseln.

5. Mit der Geflügelschere oder einem Messer die beiden Hähnchenhälften trennen und auf zwei Teller verteilen. Dazu schmecken ein grüner Salat und knusprige Kartoffelecken oder Bauernbrot.

aus ganz NRW

Man kann mit einer Fleischgabel oder einem kleinen Messer testen, ob das Hähnchen gar ist. Dafür in die Keule stechen. Ist der austretende Fleischsaft klar, ist das Hähnchen fertig.

FÜR 2 PERSONEN

ARBEITSZEIT: 55 MIN.

SPITZKOHL VOM GRILL

RÖST-„KAPPES" VOM FEINSTEN

Spitzkohl wird in NRW gern als Rahmgemüse oder als „Untereinander" zubereitet. Spannender ist die Variante auf dem Grill. Total unkompliziert, einfach ein schnelles Dressing dazu und fertig!

Für den Spitzkohl:
2 kleine Spitzkohl
6 EL Sonnenblumenöl

Für das Essig-Öl-Dressing:
2 EL körniger Senf
4 EL Weißweinessig
Salz • Pfeffer aus der Mühle
1 TL Zucker
100 ml Sonnenblumenöl

Außerdem:
6 Scheiben durchwachsener Bauchspeck

1. **Für den Spitzkohl** den Grill vorheizen. Äußere Blätter des Spitzkohls entfernen und den Spitzkohl längs vierteln – der Strunk wird nicht entfernt, da er das Gemüse zusammenhält. Spitzkohl dünn von allen Seiten mit Öl bepinseln.

2. Auf dem Grill von allen Seiten grillen, bis der Kohl von außen kräftig dunkelbraune Stellen bekommt und von innen noch etwas Biss hat, das dauert 10 bis 15 Minuten.

3. **Für das Essig-Öl-Dressing** Senf, Essig, Salz, Pfeffer und Zucker mit einem Schnebesen verrühren. Öl unterschlagen, sodass ein cremiges Dressing entsteht. Nochmals abschmecken.

4. Den Bauchspeck quer in feine Streifen schneiden und in einer Pfanne bei mittlerer Hitze knusprig braten. (Wer die Küche kalt lassen möchte, grillt den Bauchspeck ebenfalls und zerpflückt ihn dann in kleine Stückchen.)

5. Den Spitzkohl auf einer Servierplatte oder auf Tellern anrichten, mit dem Essig-Öl-Dressing beträufeln und mit dem Bauchspeck bestreuen. Dazu schmeckt Kartoffelpüree oder Grillkartoffeln.

TIPP: Alternativ kann man den Spitzkohl auch im Backofen bei 250 °C (Ober-/Unterhitze) rösten.

aus ganz NRW

Wichtig fürs gesunde Grillvergnügen: Verkohlte Blätter nicht mitessen! Und: Gepökelten Speck nur indirekt grillen, also nicht über der Glut! Es können sonst krebserregende Nitrosamine entstehen.

FÜR 4 PERSONEN

ARBEITSZEIT: 25 MIN.

KÜRBISMONDE IN APFELWEINMARINADE

KREATIVES VEGGIE-GRILLEN

Die Kürbisscheibchen baden vor ihrem Aufenthalt auf dem Grillrost in einer feinen Marinade mit Eifeler Apfelwein. Sie ist so lecker, dass man hinterher noch ein paar Löffel davon über den Kürbis träufeln sollte.

Für die Apfelweinmarinade:
150 ml Apfelwein
150 ml Sonnenblumenöl
4 EL körniger Senf
1 TL Honig
Salz • Pfeffer aus der Mühle

Außerdem:
1 großer Hokkaidokürbis (etwa 1½ kg)
3 Stiele Estragon

1. Den Grill vorheizen. **Für die Apfelweinmarinade** Apfelwein, Öl, Senf und Honig mit einem Schneebesen zu einer sämigen Marinade verrühren und mit Salz und Pfeffer würzen.

2. Den Hokkaidokürbis waschen und halbieren. Stiel- und Blütenansatz abschneiden und die Kerne mit einem Esslöffel entfernen. Hokkaidohälften in Spalten schneiden und in einer Schüssel mit der Hälfte der Marinade gut vermischen. Etwa 30 Minuten durchziehen lassen.

3. Kürbismonde auf dem Grill auf beiden Seiten insgesamt etwa 15 Minuten grillen, bis sie weich sind und man Spuren des Grillrosts sehen kann. Nach Belieben während des Grillens etwas Marinade auf die Kürbismonde träufeln, dabei aber aufpassen, dass keine Flüssigkeit in die Glut kommt, sonst entsteht ungesunder Rauch!

4. Den Estragon waschen und trocken tupfen, die Blätter abzupfen und fein hacken. Gegrillte Kürbismonde auf einer Platte anrichten und mit der restlichen Apfelweinmarinade beträufeln. Mit dem Estragon bestreuen.

FÜR 6 PERSONEN

ARBEITSZEIT: 30 MIN.

MARINIERZEIT: 30 MIN.

EINMALEINS DES MARINIERENS

DIE WICHTIGSTEN TIPPS UND TRICKS

Das Heimathäppchen-Team versorgt die Zuschauer und User immer gern mit weitreichenden Informationen zum Hantieren in der Küche. Hier ein praktischer Leitfaden mit den wichtigsten Fakten rund ums Marinieren von Fleisch.

Bei einer Marinade muss man sich nicht an strikte Vorgaben halten. Gut ist aber, wenn Fett, Säure und aromagebende Zutaten drinstecken.

Als Säure gelten Essig, der Saft von Zitrusfrüchten, Bier oder Wein.

Als Fett gelten neben verschiedenen Ölen auch Milch und Kokosnussmilch. Eine Sonderstellung nehmen Joghurt und Buttermilch ein: Sie haben sowohl die Eigenschaften eines Fetts als auch einer Säure und machen eingelegtes Fleisch zart.

Bei den **aromagebenden Zutaten** sind der Fantasie keine Grenzen gesetzt: Gewürze, Kräuter, Zwiebelgewächse oder sogar fertige Zubereitungen wie Tomatenketchup, Chutney oder Senf – ja sogar ein Löffelchen Orangenmarmelade oder Apfelgelee – können nach Lust und Laune kombiniert werden.

Säure und Fette mischen sich ungern von allein. Verrührt man sie im Mixer oder mit dem Stabmixer, formen sie eine stabile Emulsion.

Salz kann durch Soja- oder Fischsauce ersetzt werden. Sie geben einen zusätzlichen Aromakick.

Zuckerhaltige Zutaten wie brauner Zucker, Melasse oder Rübenkraut helfen bei der Bildung einer fein karamellisierten Kruste beim Grillgut.

Als Gefäße zum Marinieren eigenen sich Glas- oder Edelstahlgefäße am besten, denn sie reagieren nicht mit dem Säureanteil der Marinade.

Das Grillgut sollte zugedeckt im Kühlschrank marinieren und währenddessen mindestens einmal gewendet werden, damit der Geschmack gleichmäßig ins Fleisch einziehen kann.

Länger ist nicht zwingend besser: Zum einen konzentriert Marinade sich an der Oberfläche, weshalb es keinen besonderen Nutzen hat, Grillfleisch über Nacht oder gar tagelang zu marinieren. Zum anderen zersetzt die enthaltene Säure bei einer langen Marinierzeit empfindliche Fleischsorten und kann sie matschig machen. **Als Faustregel gilt:** Fisch und Meeresfrüchte sollten nicht länger als 1 Stunde eingelegt werden, sind aber oft schon nach 30 Minuten grillbereit. Hähnchen sollte nicht länger als 2 Stunden marinieren. Schweinefleisch und Lamm vertragen zwischen 4 und 6 Stunden in ihrem aromatischen Bad, während Rind keinen Schaden nimmt, wenn es bis zu 24 Stunden eingelegt wird.

Soll die restliche Marinade als Dip oder Sauce verwendet werden, muss sie vor dem Verzehr 5 Minuten sprudelnd kochen, um verzehrsicher zu sein.

ASIA-MARINADE
CURRYMARINADE
Die Rezepte für unsere raffinierten Marinaden und Dips finden Sie auf den Seiten 66-67.
MEDITERRANE MARINADE
SENF-RÜBENKRAUT-DIP
KNOBLAUCHDIP
PAPRIKA-CHILI-DIP

GRILLMARINADEN

FÜR JE 4 PERSONEN

Richtig gut wird Grillgut doch erst mit der richtigen Marinade. Hier drei einfache, aber köstliche Mischungen, die perfekt zu Hähnchen- und Schweinefleisch passen.

FÜR DIE MEDITERRANE MARINADE **2 Knoblauchzehen** schälen, grob zerteilen und in einen Rührbecher füllen.

2 EL Tomatenmark, **2 EL Zitronensaft**, **180 ml Sonnenblumenöl**, **1 TL getrockneten Oregano**, **1 kräftige Prise Paprikaflocken** und **Pfeffer** nach Geschmack hinzufügen und alles mit dem Stabmixer emulgieren.

Fleisch einige Stunden im Kühlschrank marinieren. Vor dem Grillen die Marinade mit Küchenpapier abtupfen.

FÜR DIE ASIA-MARINADE **2 Knoblauchzehen** schälen, grob zerteilen und in einen Rührbecher füllen. **20 g Ingwer** schälen, in Scheiben schneiden und dazugeben.

½ TL Szechuanpfeffer (alternativ schwarzen Pfeffer) grob zerstoßen und ebenfalls hinzufügen. **60 ml Reisweinessig**, **60 ml geröstetes Sesamöl**, **120 ml Sonnenblumenöl**, **2 EL Sojasauce** und **2 TL Sambal Oelek** hinzufügen und mit dem Stabmixer emulgieren.

4 Frühlingszwiebeln putzen, waschen, das Grün in feine Röllchen schneiden und untermischen. Den weißen Teil anderweitig verwenden.

Fleisch einige Stunden im Kühlschrank marinieren. Vor dem Grillen die Marinade mit Küchenpapier abtupfen.

FÜR DIE CURRYMARINADE **60 ml Limettensaft**, **120 ml Kokosmilch** und **2 EL braunen Rum** in einen Rührbecher füllen.

1 Bund Koriander waschen und trocken schütteln, die Blätter abzupfen, grob zerkleinern und mit **1 EL Currypulver** (mild oder scharf) und **Pfeffer** ebenfalls in den Rührbecher füllen.

Alles mit dem Stabmixer glatt pürieren. Fleisch einige Stunden im Kühlschrank marinieren. Vor dem Grillen die Marinade mit Küchenpapier abtupfen.

TIPP: Generell sollte man kein Salz in eine Fisch- oder Fleischmarinade mischen, wenn das Fleisch sehr mager ist oder sehr lang marinieren soll: Salz entzieht dem Grillgut Wasser und das Fleisch wird dadurch zäh.

DIPVARIATIONEN

FÜR JE 4 PERSONEN

Die Menge des Basisdips reicht für je eine Variante. Wollen Sie alle drei Varianten zubereiten, brauchen Sie die dreifache Menge.

FÜR DEN BASISDIP **200 g Frischkäse** in einen Rührbecher füllen. **125 g Feta** (Schafskäse) grob zerbröseln und mit **100 g Naturjoghurt** (3,8 % Fett) hinzufügen.

Alles mit dem Stabmixer zu einer glatten Creme pürieren.

TIPP: Wünscht man sich ein flüssigeres Ergebnis, nimmt man 150 g Joghurt.

FÜR DEN SENF-RÜBENKRAUT-DIP **je 1 EL scharfen und körnigen Senf** und **1 EL Rübenkraut** unter den Basisdip rühren.

3 Stiele Estragon waschen und trocken tupfen, die Blättchen abzupfen, fein hacken und ebenfalls unterrühren (bis auf 1 TL). Senf-Rübenkraut-Dip in eine Schale füllen und bis zum Verzehr kühl stellen.

Zum Servieren **½ EL Rübenkraut** leicht erwärmen und über den Dip träufeln. Mit dem übrigen Estragon bestreut servieren.

FÜR DEN KNOBLAUCHDIP den Backofen auf 200 °C vorheizen. **1 Knoblauchknolle** quer halbieren und in eine kleine Auflaufform setzen. Schnittflächen mit **1 EL Olivenöl** beträufeln, mit **1 Prise Meersalz** bestreuen und im Ofen etwa 25 Minuten backen, bis der Knoblauch weich ist.

Herausnehmen, kurz abkühlen lassen und das Innere aus der Schale herausdrücken. Mit einer Gabel zu einem feinen Mus zerdrücken.

2 frische Knoblauchzehen schälen und in sehr feine Würfel schneiden. **1 Bund Schnittknoblauch** (ersatzweise Schnittlauch) waschen, trocken schütteln und in feine Streifen schneiden.

Alle 3 Knoblauchsorten unter den Basisdip rühren, dabei etwa 1 TL Schnittknoblauch zurückbehalten. Knoblauchdip in eine Schale füllen und bis zum Verzehr kühl stellen.

Mit **2 EL Olivenöl** beträufeln und mit dem übrigen Schnittknoblauch bestreut servieren.

FÜR DEN PAPRIKA-CHILI-DIP den Backofengrill einschalten und ein Backblech mit Backpapier auslegen. **2 rote Paprikaschoten** längs halbieren, entkernen und waschen. Mit den Schnittflächen nach unten auf das Blech legen und grillen, bis die Haut schwarze Blasen schlägt. Paprikahälften aus dem Ofen nehmen, in eine Schüssel mit Deckel oder eine Vorratsdose legen und 30 Minuten ruhen lassen.

Dann Paprikahälften häuten und zum Basisdip in den Rührbecher füllen. **1 Knoblauchzehe** schälen, grob zerteilen und ebenfalls hinzufügen.

2 rote Chilischoten waschen. Eine der Chilischoten längs halbieren, entkernen, waschen, grob zerteilen und ebenfalls in den Becher füllen. Alles zu einer glatten Creme pürieren und mit **Meersalz** und **1 kräftigen Prise Paprikapulver** würzen. In eine Schale füllen und bis zum Verzehr kühl stellen. Mit der zweiten Chilischote dekoriert servieren.

aus ganz NRW

ZWEIERLEI ACKERBOHNENDIP

KÖSTLICHES CROSSOVER

Vor allem im Ruhrpott und am Niederrhein werden die grünen Kraftpakete oft gegessen. Hier als Basis für gesunde und leckere Dips zu krossem Brot und Gemüsesticks.

Für den Basisdip:
1½ kg Ackerbohnen (Dicke Bohnen) in der Schote (oder 400 g geschälte Ackerbohnen; frisch oder tiefgekühlt)
Salz
2 Knoblauchzehen
½ Bund Petersilie
2 EL Zitronensaft
4 EL natives Olivenöl
Pfeffer aus der Mühle

Für den mediterranen Dip:
50 g Pinienkerne
10 grüne Oliven (ohne Stein)
10 schwarze Oliven (ohne Stein)
1 Handvoll Basilikumblättchen

Für den arabischen Dip:
4 TL Tahin (Sesampaste)
1 TL Cayennepfeffer
1 TL Paprikapulver (edelsüß)
1 TL Kreuzkümmel
2 EL Schnittlauchröllchen

1. Für den Basisdip die frischen Ackerbohnen aus den Schoten lösen. Die Bohnenkerne in kochendem Wasser 1 bis 2 Minuten blanchieren, dann mit einem Schaumlöffel herausheben und kalt abschrecken.

2. Bei den Bohnen das Stängelchen mit dem Fingernagel oder einem Messer abknipsen und den Kern aus der ihn umgebenden dünnen Haut drücken. Das Kochwasser salzen und die Bohnenkerne darin 12 Minuten kochen, abgießen und in Eiswasser abschrecken (tiefgekühlte Bohnen in Salzwasser 15 Minuten sehr weich kochen.)

3. Knoblauch schälen. Petersilie waschen, trocken schütteln und grob zerkleinern. Ackerbohnen, Knoblauch, Petersilie, Zitronensaft und Olivenöl mit dem Stabmixer zu einer glatten Masse pürieren. Mit Salz und Pfeffer würzen, Masse zu gleichen Teilen auf zwei Schüsseln verteilen.

4. Für den mediterranen Dip die Pinienkerne in einer Pfanne ohne Fett bei mittlerer Hitze leicht anrösten, dabei die Pfanne regelmäßig schütteln, um ein Anbrennen zu verhindern. Aus der Pfanne auf einen Teller schütten.

5. Beide Olivensorten in grobe Stücke hacken. Die Basilikumblättchen waschen, trocken tupfen und fein hacken. Eine Hälfte des Ackerbohnendips mit den Pinienkernen, Oliven und dem gehackten Basilikum verrühren.

6. Für den arabischen Dip die zweite Hälfte des Ackerbohnendips mit der Sesampaste verrühren und mit Cayennepfeffer, Paprikapulver und Kreuzkümmel würzen und den Schnittlauch unterruhren.

7. Die beiden Dips in Schälchen anrichten und zum Grillgut oder nach Belieben einfach mit Brot oder Gemüsesticks servieren.

aus dem Ruhrgebiet

Man kann die Haut an den Bohnen auch dranlassen. Der Dip schmeckt so auch sehr lecker, wird vielleicht nicht ganz so kräftig grün.

FÜR 4 PERSONEN

ARBEITSZEIT: 45 MIN.

WESTFÄLISCHER KARTOFFELSALAT

KARTOFFELSALAT-LIEBE IN NRW

Kartoffelsalat ist Kult in Deutschland. Auffällig: In NRW mag man es cremig! Die Scheibchen werden mal mit saurer Sahne oder sogar mit Mehlschwitzen-Tunke verfeinert. Hier nun der Klassiker mit der Heimathäppchen-Mayo.

Für den Kartoffelsalat:
1 kg festkochende Kartoffeln
Salz
6 Eier (nach Belieben)
10 Gewürzgurken
300 g Fleischwurst (am Stück)
1 Bund Schnittlauch

Für die Heimathäppchen-Mayonnaise:
2 Eigelb
4 EL Zitronensaft
2 gestrichene TL Zucker
2 gestrichene TL Salz
2 gehäufte TL scharfer Senf
¼ l Sonnenblumenöl

1. Für den Kartoffelsalat die Kartoffeln in der Schale in reichlich gesalzenem Wasser etwa 25 Minuten gar kochen. Falls gewünscht, die Eier 10 Minuten hart kochen, abschrecken und abkühlen lassen.

2. In der Zwischenzeit **für die Heimathäppchen-Mayonnaise** Eigelbe, Zitronensaft, Zucker, Salz und Senf in einen Rührbecher füllen und mit dem Stabmixer kurz vermischen. Bei laufendem Stabmixer das Öl in dünnem Strahl einlaufen lassen und so eine Mayonnaise herstellen. Ist die Konsistenz zu flüssig, dann einfach etwas mehr Öl hinzufügen. Bis zum Verzehr im Kühlschrank aufbewahren.

3. Kartoffeln abgießen, ausdampfen und etwas abkühlen lassen. In der Zwischenzeit die Gewürzgurken in feine Würfel schneiden. Eier pellen und ebenfalls in feine Würfel schneiden. Fleischwurst von der Pelle befreien und erst in Scheiben, dann in Würfel schneiden.

4. Kartoffeln pellen und in Scheiben schneiden. Kartoffeln, Gurken, Eier und Fleischwurst in einer Schüssel mischen und so viel Mayonnaise unterrühren, bis der Kartoffelsalat cremig gebunden ist. 2 bis 3 EL Gurkenwasser zum Verdünnen unterrühren.

5. Westfälischen Kartoffelsalat zugedeckt im Kühlschrank mindestens 1 Stunde durchziehen lassen.

6. Schnittlauch waschen, trocken schütteln und in feine Röllchen schneiden. Den Kartoffelsalat abschmecken und mit Schnittlauch bestreut servieren.

aus Westfalen

FÜR 4 PERSONEN
ARBEITSZEIT: 45 MIN.
RUHEZEIT: 1 STD.

GRÜNKOHLSALAT MIT KARTOFFEL-SENF-DRESSING

PASST PERFEKT ZU GRILLFLEISCH

Klar, Grünkohl ist ein Wintergemüse. Mit Kartoffeln, Speck und Mettwurst das typische NRW-Essen für kalte Tage. Grünkohl kann aber auch ganz anders! Roh ist er ein gesundes Superfood – zum Glück ist seine Saison durch frühe Sorten mittlerweile deutlich länger!

Für den Grünkohlsalat:
600 g küchenfertiger Grünkohl
100 g Radicchio
100 g Rotkohl
200 g Möhren
1 kleine gekochte Kartoffel (gepellt)
1 Eigelb
1½ TL scharfer Senf
1½ TL körniger Senf
2 EL Apfelessig
1 EL Zitronensaft
1 EL Honig
Salz • Pfeffer aus der Mühle
100 ml Sonnenblumenöl

Außerdem:
60 g Walnusskerne
60 g getrocknete Pflaumen

1. **Für den Grünkohlsalat** den Grünkohl grob hacken. Den Radicchio verlesen, waschen und in feine Streifen schneiden. Äußere Blätter des Rotkohls entfernen und entsorgen. Den restlichen Rotkohl ebenfalls in feine Streifen schneiden. Möhren putzen, schälen und grob raspeln. Das Gemüse in eine Salatschüssel füllen.

2. Die Kartoffel fein zerstampfen und mit dem Eigelb in einen Rührbecher füllen. Beide Senfsorten, Essig, Zitronensaft, Honig, 2 Prisen Salz und Pfeffer hinzufügen und mit einem Schneebesen glatt rühren.

3. Das Sonnenblumenöl unter ständigem Schlagen mit dem Schneebesen in dünnem Strahl einfließen lassen und so ein cremiges Dressing herstellen. Nochmals abschmecken, zum Gemüse gießen und unterrühren.

4. Die Walnüsse in einer Pfanne ohne Fett bei mittlerer Hitze anrösten, bis sie anfangen zu duften. Dabei immer wieder an der Pfanne rütteln, damit sie nicht anbrennen. Aus der Pfanne nehmen und nicht zu fein hacken.

5. Getrocknete Pflaumen grob hacken. Walnüsse und Pflaumen über den Grünkohlsalat streuen.

aus ganz NRW

Wer keinen frischen Grünkohl oder Rotkohl bekommt, kann auch Spinat, Feldsalat, Endivie oder Chicorée nehmen – passt alles super zu Dressing, Walnüssen und Pflaumen.

FÜR 6 PERSONEN

ARBEITSZEIT: 35 MIN.

GEGRILLTE APRIKOSEN

EIN TOLLES DESSERT VOM ROST

Der Grillabend wird mit dieser Nachspeise perfekt abgerundet: Es gibt saftige Aprikosen vom Niederrhein. Aufschneiden, etwas Süße dazu, dann ab auf den Grill und karamellisieren. Dazu passen die Haselnussstreusel und Vanilleeis perfekt.

Für die Haselnussstreusel:
60 g kalte Butter
90 g brauner Rohrzucker
70 g Mehl
70 g gemahlene Haselnüsse
Zimtpulver
2 TL Marillenbrand
(alternativ eiskaltes Wasser)

Für die Aprikosen:
10 Aprikosen
4 EL Honig
2 TL Vanillezucker
Butterschmalz für den Grill

Außerdem:
4–8 Kugeln Vanilleeis

1. Für die Haselnussstreusel den Backofen auf 160 °C vorheizen und ein Backblech mit Backpapier auslegen. Butter in etwa 1 cm große Würfel schneiden und in eine Rührschüssel geben. Zucker, Mehl, Haselnüsse, 2 Prisen Zimt und Marillenbrand hinzufügen und mit den Knethaken des Handrührgeräts zu Streuseln verarbeiten.

2. Streusel auf dem Blech verteilen und im Ofen auf der mittleren Schiene etwa 20 Minuten goldbraun backen. Dabei mehrmals durchrühren. Aus dem Ofen nehmen und Streusel vollständig abkühlen lassen.

3. Für die Aprikosen den Grill vorheizen. Die Aprikosen waschen, trocken reiben, halbieren und den Stein entfernen. Schnittfläche der Aprikosen dünn mit Honig bepinseln und mit Vanillezucker bestreuen.

4. Grillrost großzügig mit Butterschmalz fetten. Aprikosen mit der Schnittfläche nach unten auf den Grill legen und bei indirekter Hitze etwa 10 Minuten grillen, bis die Aprikosen weich sind, aber noch ihre Form halten.

5. Gegrillte Aprikosen und Vanilleeis auf Tellern anrichten, mit den Haselnussstreuseln bestreuen und sofort servieren.

TIPP: Die Haselnussstreusel schmecken auch fabelhaft zu Obstsalat, Pudding oder Eis. Die Aprikosen können ebenso in einer Grillpfanne oder im Backofen zubereitet werden.

aus ganz NRW

FÜR 4 PERSONEN

ARBEITSZEIT: 20 MIN.

BACKZEIT: 20 MIN.

Kamelle!
Strüssjer!
Bützjer!

BRAUCHTUM

UND FEIERTAGE

SEBASTIANUSBREZELN

SÜßES GESCHENK IM JANUAR

Rund um den Sebastianustag (20. Januar) zieht die Schützenbruderschaft St. Sebastianus aus Herzogenrath bei Aachen bestückt mit Tausenden süßen Brezeln durch die Nachbarschaft. Wer jubelt, wird beschenkt. Brezelgang – ein toller Brauch!

Für die Sebastianusbrezeln:
350 g Mehl (Type 550)
60 g Zucker
Salz
120 ml Milch
1 Würfel Hefe (42 g)
70 g sehr weiche Butter
½ TL Vanilleextrakt
abgerieben Schale von ½ Bio-Zitrone
1 Ei
1 Eigelb

Außerdem:
Butter zum Bestreichen
Mehl für die Arbeitsfläche
1 Eigelb
Salz

1. Für die Sebastianusbrezeln das Mehl in eine Schüssel sieben. Zucker, 1 bis 2 Prisen Salz, Milch, zerbröckelte Hefe, Butter in Flöckchen, Vanilleextrakt, Zitronenschale, Ei und Eigelb hinzufügen.

2. Alles mit den Knethaken des Handrührgeräts oder in der Küchenmaschine 10 Minuten zu einem glatten, elastischen Teig kneten. Teig zu einer Kugel formen, mit weicher Butter bestreichen und den Teig zugedeckt an einem warmen Ort etwa 45 Minuten gehen lassen, bis er sich verdoppelt hat.

3. Den Backofen auf 180 °C vorheizen und ein Backblech mit Backpapier auslegen. Den Teig auf der bemehlten Arbeitsfläche in 4 Stücke teilen und jeweils zu daumendicken Teigsträngen von etwa 50 cm Länge rollen. Diese zu Brezeln formen. Auf dem Blech verteilen, zugedeckt weitere 15 Minuten gehen lassen.

4. Eigelb mit 1 Prise Salz und 1 EL Wasser verquirlen und die Sebastianusbrezeln damit bestreichen. Im Ofen auf der mittleren Schiene etwa 12 Minuten goldbraun backen.

5. Sebastianusbrezeln aus dem Ofen nehmen und auf einem Kuchengitter abkühlen lassen. Sie schmecken frisch am besten.

aus Aachen

FÜR 4 STÜCK
ARBEITSZEIT: 25 MIN.
GEHZEIT: 1 STD.
BACKZEIT: 12 MIN.

aus dem Rheinland

MUZEMANDELN

ALAAF UND HELAU!

Das kultige Karnevalsgebäck ist vor allem in rheinischen Gefilden ein Muss. Nach Sessionsstart haben Muzemandeln, je nach Region auch Mutzenmandeln genannt, Hochsaison. Das Besondere: Der Mürbeteig wird mit reichlich Ei zubereitet.

Für die Muzemandeln:
100 g Marzipanrohmasse
50 g Butter
2 Eier (Größe L)
100 g Zucker
100 g gemahlene Mandeln
275 g Mehl (Type 405)
½ TL Backpulver
Salz
50 ml Milch
1 TL abgeriebene Bio-Zitronenschale

Außerdem:
Mehl für die Arbeitsfläche
Muzemandel-Ausstecher (siehe Tipp)
Sonnenblumenöl zum Ausbacken
150 g Zucker
1 EL Zimtpulver

1. **Für die Muzemandeln** die Marzipanrohmasse 30 Minuten einfrieren – so lässt sie sich besser raspeln.

2. Butter zerlassen und handwarm abkühlen lassen. Angefrorene Marzipanrohmasse grob raspeln.

3. Eier und Zucker mit den Quirlen des Handrührgeräts schaumig rühren. Marzipanrohmasse, Mandeln, Mehl, Backpulver, ½ TL Salz, Milch, Zitronenschale und flüssige Butter hinzufügen und alles rasch zu einem glatten Teig verkneten – bearbeitet man den Teig zu stark, wird er zäh.

4. Den Teig zu einem Fladen formen, in Frischhaltefolie wickeln und im Kühlschrank mindestens 1 Stunde, besser 2 Stunden, ruhen lassen

5. Den Teig auf der bemehlten Arbeitsfläche etwa 1 cm dick ausrollen. Mit dem Muzemandel-Ausstecher tropfenförmige Stücke ausstechen. Das Öl in der Fritteuse oder in einem schweren Topf auf 170 °C erhitzen.

6. In einer Schale Zucker und Zimt mischen. Muzemandeln portionsweise im heißen Fett etwa 5 Minuten goldgelb ausbacken. Dabei nach der Hälfte der Zeit einmal wenden.

7. Muzemandeln mit einer Schaumkelle aus dem heißen Fett nehmen, auf Küchenpapier abtropfen lassen und noch heiß im Zimtzucker wenden. Möglichst frisch servieren.

Wer keinen Muzenmandel-Ausstecher zur Hand hat, kann mit einem runden Ausstecher oder einem Glas von etwa 5 cm Durchmesser Teigplättchen ausstechen und diese dann mit einem Messer mandelförmig zuschneiden.

FÜR 45 STÜCK

ARBEITSZEIT: 1 STD.

GEFRIERZEIT: 30 MIN.

RUHEZEIT: 1–2 STD.

HERINGSSTIPP

WÜRZIGE FASTENSPEISE

NRW hat eine innige kulinarische Bindung zum Hering. In der Fastenzeit vor Ostern und auch in der adventlichen Fastenzeit war Fisch – anders als Fleisch – sehr wohl erlaubt, also landete der Heringsstipp in katholisch geprägten Gebieten oft auf dem Tisch.

4 küchenfertige Salzheringe (ohne Kopf und ohne Flossen; in Filets geteilt)
1 Bund Dill
2 große rote Zwiebeln
2 kleine säuerliche Äpfel
Saft und abgeriebene Schale von 1 Bio-Zitrone
500 g süße Sahne
50 g saure Sahne
Salz • weißer Pfeffer aus der Mühle
Zucker

1. Am Vortag die Salzheringe in reichlich Wasser 12 Stunden einweichen; dabei das Wasser nach Möglichkeit wenigstens zweimal wechseln.

2. Am nächsten Tag den Dill waschen, trocken schütteln, die groben Stiele entfernen und die Spitzen fein hacken. Die Zwiebeln schälen, vierteln und in feine Scheiben schneiden. Die Äpfel waschen, vierteln und entkernen. Viertel in feine Würfel schneiden und mit dem Zitronensaft mischen.

3. Süße und saure Sahne mit einem Schneebesen glatt rühren und mit Dill, Zitronenschale, Salz, weißem Pfeffer und Zucker nach Geschmack würzen – dabei daran denken, dass auch die Heringe noch Salz enthalten.

4. Heringe aus dem Wasser nehmen, abspülen und mit Küchenpapier trocken tupfen. Filets quer in etwa 2 cm breite Streifen schneiden.

5. Heringe, Zwiebeln und Apfelstückchen zur Sauce hinzufügen und vorsichtig mischen. Zugedeckt im Kühlschrank mindestens 4 Stunden, besser noch über Nacht, durchziehen lassen.

TIPP: Zum Heringsstipp schmecken heiße Pellkartoffeln besonders gut, aber auch ein kräftiges Landbrot und Butter.

aus ganz NRW

Der Apfel kann durch fein geschnittene Gewürzgurken ersetzt werden. Oder Sie geben eine Mischung aus beidem zum Heringsstipp.

FÜR 4 PERSONEN

ARBEITSZEIT: 20 MIN.

EINWEICHZEIT: 12 STD.

RUHEZEIT: 4 STD.

GRÜNE PFANNKUCHEN

MIT KRÄUTERQUARK

„Am Gründonnerstag kommt Grünes auf den Tisch" – das galt früher in ganz Westfalen. Nach dem langen Winter gab es endlich wieder frisches junges Grün zu ernten, also Blattgemüse und Kräuter. Besonders beliebt: Pfannkuchen mit Grünzeug – hier mit Spinat.

Für den Kräuterquark:
1 Bund Petersilie
1 Bund Schnittlauch
1 Beet Kresse
250 g Speisequark (40 % Fett)
70 g Buttermilch
1 kleine Knoblauchzehe
½ TL Zucker
Salz • Pfeffer aus der Mühle

Für die Pfannkuchen:
1 Handvoll junger Blattspinat
½ Bund Frühlingszwiebeln
2 Eier
Salz
80 g Mehl
½ TL Backpulver
100 ml Milch
Pfeffer aus der Mühle
Butterschmalz zum Braten

1. **Für den Kräuterquark** die Kräuter waschen und trocken schütteln. Grobe Stiele der Petersilie entfernen und die Petersilienblätter fein hacken. Schnittlauch in feine Röllchen schneiden. Kresse mit einer Schere vom Beet schneiden.

2. Quark mit der Buttermilch in einer Schüssel glatt rühren. Knoblauch schälen, in feine Würfel schneiden und unter die Quarkmischung rühren. Mit Zucker, Salz und Pfeffer würzen. Die Hälfte der Petersilie, den Schnittlauch und die Kresse unterrühren – dabei 2 EL der Kresse zurückbehalten. Kräuterquark zugedeckt kühl stellen.

3. **Für die Pfannkuchen** Spinat waschen, trocken schütteln und sehr fein hacken. Frühlingszwiebeln putzen, waschen und das Grün in feine Ringe schneiden. Weiß anderweitig verwenden. Eier trennen. Eiweiße mit 1 Prise Salz steif schlagen.

4. Mehl und Backpulver in eine Schüssel sieben. Eigelbe und Milch hinzufügen und mit den Quirlen des Handrührgeräts zu einem glatten Teig verarbeiten. Mit Salz und Pfeffer würzen.

5. Mit einem Schneebesen den Eischnee, die restliche Petersilie, den Spinat und die Frühlingszwiebelringe vorsichtig unter den Teig heben.

6. Etwas Butterschmalz in einer Pfanne erhitzen und den Teig darin bei mittlerer Hitze portionsweise zu 8 kleinen Pfannkuchen ausbacken.

7. Grüne Pfannkuchen auf Teller verteilen. Den Kräuterquark dazu anrichten und mit der restlichen Kresse bestreuen.

aus Westfalen

FÜR 8 STÜCK

ARBEITSZEIT: 30 MIN.

STRUWEN

HEFEKÜCHLEIN MIT APFELKOMPOTT

An Karfreitag essen die Westfalen traditionell gern Struwen, im Münsterland gibt's sogar Biersuppe dazu. Im Bergischen nennt man sie Rosinenplätzchen und anderswo auch Püfferchen. Eines haben alle Varianten gemein: Sie sind superlecker, besonders mit Kompott.

Für die Struwen:
400 ml Milch
½ Würfel Hefe (21 g)
60 g Zucker
500 g Mehl (Type 550)
Salz
4 Eier
200 g Sultaninen

Für das Apfelkompott:
2 Bio-Zitronen
1,2 kg säuerliche Äpfel
60 g Zucker
100 ml Apfelsaft
2 Zimtstangen

Außerdem:
Butterschmalz zum Braten
4 EL Zucker
1 TL Zimtpulver

1. **Für die Struwen** die Milch lauwarm erwärmen und die Hefe hineinbröckeln. Den Zucker hinzufügen und alles verrühren, bis Hefe und Zucker sich aufgelöst haben. 10 Minuten stehen lassen, bis die Hefe beginnt, Blasen zu schlagen.

2. Mehl, 1 Prise Salz, Eier und Sultaninen in eine Rührschüssel füllen. Hefemilch hinzufügen und mit den Quirlen des Handrührgeräts zu einem dickflüssigen Teig verrühren. Zugedeckt an einem warmen Ort 1 Stunde gehen lassen.

3. In der Zwischenzeit **für das Apfelkompott** die Zitronen heiß waschen, trocken reiben und 4 Streifen Zitronenschale abschälen. Beide Zitronen auspressen. Die Äpfel schälen, vierteln und entkernen. Apfelviertel in Würfel schneiden und mit dem Zitronensaft mischen.

4. Den Zucker in einem Topf bei mittlerer Hitze goldbraun karamellisieren. Mit dem Apfelsaft ablöschen. Apfelstücke mit Zitronensaft, Zitronenschalenstreifen und Zimtstangen hinzufügen und bei mittlerer Hitze zugedeckt dünsten, bis die Äpfel zerfallen, aber noch stückig sind. Dabei regelmäßig umrühren.

5. Apfelmus vom Herd nehmen, Zitronenschalenstreifen und Zimtstangen entfernen. Apfelmus in eine Schale umfüllen und bis zum Verzehr beiseitestellen.

6. In einer Pfanne reichlich Butterschmalz erhitzen. Struwenteig nochmals durchrühren und esslöffelweise in das heiße Fett portionieren. Bei mittlerer Hitze auf beiden Seiten goldbraun ausbacken und auf Küchenpapier abtropfen lassen.

7. Zucker und Zimt mischen. Struwen mit Zuckermischung bestreuen und noch warm mit dem Apfelkompott servieren.

aus dem Münsterland

FÜR 4 PERSONEN

ARBEITSZEIT: 1 STD.

GEHZEIT: 1 STD.

OSTERHASE

FÜR NRW UND ÜBERALL

Dieses süße Häschen tischt man doch gern auf! Wir huldigen damit dem jahrhundertealten Brauch des Osterzopfs, der zum Fastenbrechen dazugehört – nicht nur in NRW! Woher der Brauch des Osterhasen eigentlich kommt, ist bis heute nicht eindeutig geklärt.

Für den Osterhasen:
100 g kalte Butter (in Würfeln)
750 g Mehl (Type 405)
375 g Buttermilch
120 g Zucker
5 g frische Hefe
1 Ei
1 Eiweiß
½ TL Vanilleextrakt
abgeriebene Schale von ½ Bio-Zitrone
1-2 Prisen Salz

Außerdem:
Öl für die Arbeitsfläche
1 Sultanine
1 Eigelb
1 EL Milch
Salz
25 g Hagelzucker

1. Am Vortag **für den Osterhasen** alle Zutaten 10 Minuten zu einem glatten, elastischen Teig kneten.

2. Teig zu einer Kugel formen und in der Schüssel mit Frischhaltefolie zugedeckt mindestens 8 Stunden oder über Nacht im Kühlschrank gehen lassen.

3. Am nächsten Morgen den Teig 1 Stunde vor der Weiterverarbeitung aus dem Kühlschrank nehmen. Backblech mit Backpapier auslegen. Von dem Teig auf der leicht geölten Arbeitsfläche ein Drittel abtrennen. Ein mandarinengroßes Stück Teig von der größeren Menge abteilen.

4. Die beiden größeren Teigstücke zu straffen Rollen formen. Das kleine Stück zu einer straffen Kugel formen. Die größere Rolle mit den Händen zu einem Strang von etwa 60 cm formen und zu einer Schnecke aufrollen. So auf das Backblech legen, dass das vordere Ende die Hasenpfoten bildet, und dieses etwa 2 cm tief einschneiden.

5. Übrige Rolle tropfenförmig formen und auf etwa ein Drittel der Länge – vom stumpfen Ende gerechnet – so zusammendrücken, dass das Teigstück tailliert erscheint. Als Kopf an den Körper setzen. Vom tropfenförmigen Ende her einschneiden, sodass Ohren entstehen. Sultanine als Auge in den Kopf drücken.

6. Eigelb mit Wasser, Milch sowie 1 Prise Salz verquirlen. Teigkugel erst in der Eigelbmischung, dann im Hagelzucker wenden und als Schwanz an den Körper ansetzen. Restlichen Hasen mit Eigelbmix bestreichen, nochmals 25 Minuten gehen lassen.

7. Backofen auf 190 °C vorheizen, dabei eine kleine Auflaufform am Ofenboden mit vorheizen. Hasen auf die mittlere Schiene schieben und 1 Tasse Wasser in die Auflaufform gießen. Den Osterhasen etwa 30 Minuten goldbraun backen – sobald er gar ist, klingt er hohl, wenn man mit den Fingerknöcheln von unten dagegenklopft.

aus ganz NRW

Schmeckt einfach nur mit Butter, aber auch eine fruchtige Konfitüre oder Honig passt wunderbar als Belag.

FÜR 6–8 PERSONEN

ARBEITSZEIT: 25 MIN.

GEHZEIT: 8½ STD.

BACKZEIT: 30 MIN.

ES LEBE DAS KULINARISCHE BRAUCHTUM!

Ob Weihnachten, Ostern, Pfingsten oder auch Karneval – vielen NRWlern sind die Feiertage heilig! Ob kirchlich geprägt oder nicht, unzählige Menschen hier erquicken sich an überliefertem Brauchtum, das von Vereinen, aber auch von Familien im Angedenken an die Vorfahren und die eigene Geschichte gepflegt und gelebt wird. Die Heimathäppchen mischen kräftig mit!

JAHRESBEGINN MIT TRADITIONSGEBÄCK

Blicken wir auf das Jahr, dann beginnt es in NRW schon früh mit traditionellen Speisen. In den Heimathäppchen-Büchern 1 und 2 haben wir schon so manch ein erinnerungswürdiges Feiertagsrezept erwähnt. Aber auch für dieses dritte Buch haben wir wieder tolle Rezeptideen ausgewählt, die klassisch an bestimmten Feiertagen zubereitet werden. Ein wunderbarer Brauch ist z.B. das Verteilen der Sebastianusbrezeln im Januar. Der heilige Sebastian ist Patron vieler Schützenvereine bzw. -bruderschaften. Eine Truppe bei Aachen hält die jahrhundertealte Vereinstradition hoch und verschenkt unzählige süße Hefebrezeln (Rezept siehe S. 78) an Jung und Alt.

Wer den Stollen erfunden hat, ist bis heute nicht geklärt. Je wohlhabender die Familie, desto hochwertiger waren die Zutaten – egal, ob in Dresden, Hamburg oder Köln.

Und dann ist ja auch schon bald Karneval! Vor der Fastenzeit galt es, das Schmalz zu verbrauchen. Daher ist in der fünften Jahreszeit Siedegebäck wie die Muzemandeln so stark verbreitet. Nebenbei liefert das fettige Gebäck eine gute Grundlage für lange Tage und Nächte, die feuchtfröhlich – aber von Einheimischen auch mit dem nötigen Respekt vor der feierlichen Tradition – begangen werden.

LECKERES FÜR DIE FASTENZEIT

Die Fastenzeit vor Ostern wird von vielen NRWlern noch ernst genommen, wenn auch vielleicht nicht immer so ernst wie früher. Aber Alkohol, Süßes und / oder Fleisch werden in dieser Zeit von so manch einem gemieden. Eine typische Fastenspeise ist der Hering, denn Fisch ist in dieser Zeit erlaubt. Im Rheinland gehört er am Aschermittwoch auf den Teller, am Niederrhein am Karfreitag.

Für den Gründonnerstag gibt es ebenfalls alte Bräuche – ob christlich oder nicht, ist nicht immer genau zu klären. In Westfalen gibt es Regionen, in denen man sich scheinbar so über das frische Grün in Garten und Natur erfreute, dass es an diesem Tag vor Karfreitag immer „Grüne Pfannkuchen" (Rezept siehe S. 84) gab.

Kamelle werfen im Kölner Karneval – da freuen sich Groß und Klein drauf!

OSTERN NAHT UND ES BLEIBT LECKER

Weiter geht's mit Karfreitag, da ist es vor allem im Münsterland und am Niederrhein schon seit dem Mittelalter üblich, süße Hefepfannkuchen zu essen, die Struwen (S. 86). Gern mit Rosinen, Zimt und Zucker. Und an den Ostertagen steht in NRWs Kirchengemeinden alles im Zeichen des Osterzopfs. Auch im Buch finden Sie ein schönes Rezept für ein süßes und feines Hefebrot – hier zu einem Hasen geformt (S. 88). Wer mag, lässt es zur Ostermesse segnen. Aß man den Zopf Ostersonntag zum Frühstück, gab es am Niederrhein abends dann das große Eieressen. Gekochte Eier wurden in Massen auf den Esstischen gestapelt und gegessen. Grund: Eier durften während der Fastenzeit nicht verspeist werden. Da konnte man dann an Ostern wieder richtig zuschlagen. Allerdings kannte man am Niederrhein den Begriff „Ostern" gar nicht, es kommt in der Mundart nicht vor. Stattdessen sagte man „Posche" oder „Posse". Bis heute ist es in vielen Familien üblich, freitags auf Fleisch zu verzichten und stattdessen Fisch oder Eiergerichte zu essen. Besonders beliebtes Freitagsessen: Spinat mit Kartoffeln und Spiegeleiern. Im Buch finden Sie in Anlehnung an diesen Brauch eine besondere Eierspeise (siehe S. 92).

»Aẞ MAN DEN ZOPF OSTERSONNTAG ZUM FRÜHSTÜCK, GAB ES AM NIEDERRHEIN ABENDS DANN DAS GROẞE EIERESSEN.«

KULINARISCHER DEZEMBER

Die Advents- und Weihnachtszeit stehen dem allen in nichts nach mit ihren besonderen Köstlichkeiten. Für dieses Buch haben wir zwei klassische Backwaren ausgewählt. Das leckere Anisgebäck in Form eines Vögelchens (S. 94) wird Ihnen bestimmt schmecken, es wird im Tecklenburger Land gebacken und vor allem am Nikolaus- oder Martinstag verschenkt. Der Name „Klaushähnchen" bezieht sich auf die plattdeutsche Bezeichnung „Sunner Klaus" für den Nikolaustag. Und über den rheinischen Christstollen, da muss man wohl nicht mehr viele Worte verlieren.

GRÜNE SHAKSHUKA

EIN HOCH AUF DIE EIER!

Am Niederrhein begann früher am Abend des Ostersonntags das große Eieressen – mit gekochten Eiern, Brot und Butter. Um diesen Brauch zu würdigen, haben wir ein modernes Eierrezept ins Buch aufgenommen: Shakshuka! Hier mal ganz in Grün – mit Spinat!

1 Zwiebel
1 Knoblauchzehe
1 EL Butter
500 g Blattspinat
50 g Sahne
Salz • Pfeffer aus der Mühle
frisch geriebene Muskatnuss
4 Eier
Paprikaflocken

1. Die Zwiebel und den Knoblauch schälen und in feine Würfel schneiden. Butter in einer großen Pfanne erhitzen, Zwiebel und Knoblauch darin andünsten.

2. Den Spinat verlesen, waschen und trocken schütteln, grobe Stiele entfernen. Spinat in Streifen schneiden. Tropfnass zur Zwiebelmischung geben und unter Rühren etwa 5 Minuten zusammenfallen lassen.

3. Sahne hinzufügen, aufkochen und alles mit Salz, Pfeffer und 1 Prise Muskatnuss würzen.

4. Mit einem Löffel 4 Mulden in den Spinat drücken und die Eier einzeln in die Mulden hineinschlagen. Eier mit Salz und Pfeffer würzen, den Pfannendeckel auflegen und die Eier etwa 8 Minuten stocken lassen.

5. Eier mit 1 Prise Paprikaflocken bestreuen und die grüne Shakshuka je nach Geschmack mit Salzkartoffeln oder knusprigem Landbrot servieren.

vom Niederrhein

FÜR 2 PERSONEN

ARBEITSZEIT: 30 MIN.

KLAUSHÄHNCHEN

SÜẞES HEFEGEBÄCK MIT ANIS

Mit der Form eines Hähnchens erfreut diese Spezialität die Herzen aller Naschkatzen im Tecklenburger Land. Vor allem in der Adventszeit backt man sie hier. Zu Nikolaus und am Martinstag werden sie an Kinder verteilt.

Für die Klaushähnchen:
550 g Mehl (Type 550)
150 g zimmerwarme Butter
1 Würfel Hefe (42 g)
20 g Zucker
10 g Salz
40 g Anissamen

Außerdem:
Mehl für die Arbeitsfläche
selbst hergestellte Klaushähnchen-Schablone aus Pappe (Vorlage auf S. 134 oder zum Download)
100 g Butter
Zucker zum Wälzen

1. **Für die Klaushähnchen** Mehl, 300 ml lauwarmes Wasser, Butter, zerbröckelte Hefe, Zucker und Salz in eine Rührschüssel füllen und in der Küchenmaschine oder mit den Knethaken des Handrührgeräts 10 Minuten zu einem glatten, elastischen Teig verkneten.

2. Kurz vor Ende der Knetzeit den Anis bei laufendem Gerät in die Schüssel schütten und unterkneten. Teig 10 Minuten zugedeckt ruhen lassen. Ein Backbleck mit Backpapier auslegen.

3. Den Hefeteig auf der leicht bemehlten Arbeitsfläche etwa 1½ cm dick ausrollen und mithilfe der Klaushähnchenschablone 10 Klaushähnchen ausschneiden. Auf das Blech legen und zugedeckt an einem warmen Ort 1 Stunde gehen lassen (alternative Zubereitung siehe Tipp).

4. Den Backofen auf 220 °C vorheizen und eine kleine Auflaufform auf den Boden des Ofens stellen. Das Blech auf der mittleren Schiene in den Backofen schieben und 1 Tasse Wasser in die Auflaufform gießen. Klaushähnchen 12 bis 15 Minuten goldbraun backen.

5. In der Zwischenzeit die Butter zerlassen. Klaushähnchen aus dem Ofen nehmen, noch warm mit der Butter bestreichen, in Zucker wälzen und auf einem Kuchengitter abkühlen lassen. Sie schmecken frisch gebacken am besten.

TIPP: Wem das Ausschneiden der Klaushähnchen zu kompliziert ist, der rollt den Teig auf Backblechgröße aus, stippt ihn mit einer Gabel und bäckt ihn im Ganzen. Nach dem Backen wird der Aniskuchen dann mit flüssiger Butter bestrichen und mit Zucker bestreut. Zum Servieren wird er in Stücke geschnitten.

aus dem Tecklenburger Land

FÜR 10 STÜCK

ARBEITSZEIT: 25 MIN.

GEHZEIT: 70 MIN.

BACKZEIT: 15 MIN.

Für die Fruchtmischung:
100 g Sultaninen
100 g Korinthen
50 ml Kirschwasser
100 g Mandelstifte
40 g Orangeat
40 g Zitronat

Für den Vorteig:
125 g Mehl (Type 550)
100 g Milch
50 g frische Hefe

Für den Hauptteig:
1 Vanilleschote
1 Bio-Zitrone
375 g Mehl (Type 550)
250 g zimmerwarme Butter
120 g Zucker
1 Ei
6 g Salz
3 g Zimtpulver
1 g gemahlener Kardamom
frisch geriebene Muskatnuss

Außerdem:
300 g Marzipanrohmasse
100 g Butter
75 g Vanillezucker
50 g Puderzucker

FÜR 2 STOLLEN [À 1 KG]

ARBEITSZEIT: 30 MIN.

MARINIERZEIT: 12 STD.

RUHEZEIT: 2 STD.

BACKZEIT: 55 MIN.

RHEINISCHER CHRISTSTOLLEN

DER KLASSIKER UNTER DEN KLASSIKERN

Es ist ein tolles Gefühl, einen selbst gebackenen Christstollen zu servieren. Es stecken viel Mühe und Liebe darin – und das schmeckt man! Rheinischer Stollen braucht eine Marzipanfüllung und die Trockenfrüchte werden in Kirschwasser eingelegt.

1. Am Vorabend **für die Fruchtmischung** Sultaninen, Korinthen und Kirschwasser mischen und zugedeckt bei warmer Zimmertemperatur über Nacht ziehen lassen.

2. Am nächsten Tag die Mandeln, das Zitronat und das Orangeat unterrühren.

3. Für den Vorteig Mehl, Milch und zerbröckelte Hefe in der Küchenmaschine oder mit den Knethaken des Handrührgeräts 5 Minuten gründlich verkneten. Zugedeckt bei Zimmertemperatur 45 Minuten ruhen lassen.

4. Für den Hefeteig das Mark der Vanilleschote auskratzen. Die Bio-Zitrone heiß waschen, trocken reiben und die Schale fein abreiben. Vanillemark, Zitronenschale, Mehl, Butter, Zucker, Ei, Salz, Zimt, Kardamom und 1 Prise Muskatnuss zum Vorteig hinzufügen.

5. In der Küchenmaschine oder mit den Knethaken des Handrührgeräts 4 Minuten auf niedrigster Stufe verkneten, dann weitere 4 Minuten auf mittlerer Stufe zu einem glatten Teig verkneten. Durch den hohen Butteranteil darf der Teig nicht überknetet werden, da er sonst zu warm und somit ölig wird. Zugedeckt 30 Minuten gehen lassen.

6. Dann die Fruchtmischung zum Teig hinzufügen und auf niedrigster Stufe gerade so lange einarbeiten, bis sie gleichmäßig im Teig verteilt ist. Teig in 2 gleich schwere Portionen teilen. Erst zu straffen Kugeln, dann zu gleichmäßigen Rollen formen und 10 Minuten ruhen lassen.

7. Den Backofen auf 200 °C vorheizen und ein Backblech mit Backpapier auslegen. Marzipan glatt kneten, in 2 Teile teilen und zu gleichmäßigen Rollen formen. Die Teigrollen flach drücken und jeweils 1 Marzipanrolle etwas versetzt von der Mitte auf den Teig legen. Den größeren Teil der Teigplatte über die Marzipanrolle schlagen und an den Rändern gut festdrücken.

8. Die Stollen mit etwas Abstand auf das Blech legen und auf die mittlere Schiene in den Ofen schieben. Etwas Wasser in den Ofen sprühen (Spritzflasche), die Ofentür schließen und die Stollen etwa 55 Minuten backen, bis sie goldbraun sind.

9. Die beiden Stollen aus dem Ofen nehmen und auf einem Kuchengitter 30 Minuten abkühlen lassen.

10. Butter zerlassen. Die noch warmen Stollen gleichmäßig rundherum damit bestreichen und in Vanillezucker wälzen.

11. Rheinische Christstollen auf einem Kuchengitter vollständig abkühlen lassen und vor dem Servieren oder Verpacken mit Puderzucker bestäuben.

TIPP: Die kostbare Vanilleschote nicht wegwerfen. Mithilfe von etwas Zucker oder hochprozentigem Alkohol kann man seinen eigenen Vanillezucker oder Vanilleextrakt herstellen.

'N guët Ding wil Wile häbben

FESTESSEN

NRW-MENÜS RUND UMS JAHR

HEIMATHÄPPCHEN-MENÜS: GENUSS HOCH DREI!

Es gibt Tage, da hat man was zu feiern und will kulinarisch zu Hochtouren auflaufen. Die Gäste und sich selbst verwöhnen, einem lieben Menschen gratulieren, die Freundschaft hochleben lassen. Wir bei den Heimathäppchen empfehlen dafür ein Dreigängemenü – zusammengestellt mit Blick auf die Jahreszeit, vielen typischen Zutaten aus der Region und lieb gewonnenen Kochtraditionen.

KOCHEN RUND UMS JAHR

Mit viel Sorgfalt haben wir aus unserem Repertoire an Rezepten fünf Menüs für Frühling, Sommer, Herbst, Winter und Weihnachten zusammengestellt, die trotz teils einfacher Zutaten und „Arme-Leute-Essen"-Image das Dinner zu einem Festessen machen. Wenn Sie wissen wollen, welches Gemüse und Obst zu welcher Jahreszeit reif ist, dann laden Sie sich gern den liebevoll gestalteten Heimathäppchen-Saisonkalender herunter (www.heimathaeppchen.wdr.de).

> Dreigängemenüs – zusammengestellt mit Blick auf die Jahreszeit, vielen typischen Zutaten und lieb gewonnenen Kochtraditionen!

Eine schlaue Menüplanung setzt bei den Gängen auf Abwechslung in Hinsicht auf Farbe und Konsistenz der Speisen. Wichtig ist dabei auch, dass alles gut vorzubereiten ist, es sollen schließlich alle das Festmahl entspannt genießen können – Köchin bzw. Koch inklusive!

Lust, eines der Menüs mit der Familie oder Freunden auszuprobieren? Einen Grund, sich mal wieder richtig zu verwöhnen, findet sich doch schnell, oder?

DAS ZIEL: WENIG STRESS AM HERD

Ob Bohnen-, Löwenzahn- oder Möhrensalat, Rotkohl- oder Maronensüppchen – alle Vorspeisen sind super im Vorfeld zuzubereiten. Die hier vorgeschlagenen Desserts kann man sogar sehr gut am Vortag bzw. auf jeden Fall schon Stunden vor dem Schlemmen vorbereiten. Und Schmorgerichte wie der Schweinepfeffer schmecken am nächsten Tag ohnehin noch mal so gut! Man muss sie also vor dem Anrichten einfach nur noch erhitzen. Den Schwarzwurzelauflauf, der Hauptgang im Wintermenü, am besten am Vormittag vorbereiten, kühl stellen und dann, während die Vorspeise genossen wird, ab in den Ofen damit.

Im Grunde muss man sich also am „großen Tag" nur noch um die Beilagen kümmern – das ist zeitlich überschaubar und entspannt den Gastgeber!

Verspielt oder dezent – eine auf die Gäste abgestimmte Deko ist ein lieber Gruß aus der Küche.

DEKO SORGT FÜR STIMMUNG

Ein liebevoll gedeckter Tisch heißt die Gäste besonders herzlichen willkommen und erhöht den Genuss beim Essen. Ein paar Handgriffe und der Tisch wirkt zauberhaft geschmückt – besonders wenn Sie alltägliche Accessoires auswählen. Subtile Akzente setzen Sie mit saisonalem „Schmuck" aus der Natur. Stellen Sie die Deko doch unter ein Motto! Eine Lieblingsfarbe oder eine Jahreszeit wie hier im Kapitel – dann müssen Blumen, Obstdeko, Sets, Servietten oder Kerzen nur noch darauf abgestimmt werden.

> »EIN PAAR HANDGRIFFE UND DER TISCH WIRKT ZAUBERHAFT GESCHMÜCKT!«

Deko kann also einfach sein und dennoch einen starken Effekt haben. Nicht umsonst gibt es alle Jahre wieder neue Dekotrends, die sich in den Auslagen der Geschäfte widerspiegeln. Da kann man mitmachen und viel Geld ausgeben, muss man aber nicht. Am Ende entscheiden nur Sie allein, was auf Ihren Tisch kommt. Hier ein paar Ideen:

Frühling: Die Natur blüht wieder auf! In der Tischdeko wird das spürbar – es darf bunt werden!
Es ist schön, Blüten der Saison in unterschiedlich hohen Glasgefäßen über den Tisch zu verteilen.

Sommer: Eine stilvolle Tischdekoration im Freien erfordert besonderes Fingerspitzengefühl. Konkurrieren Sie niemals mit der üppigen Natur! Weniger ist jetzt mehr. Blau in allen Nuancen macht sich gut – wir assoziieren damit einen Tag am Meer.

Herbst: Wieso nicht ganz plakativ buntes Laub sammeln und auf dem Tisch verteilen? Hübsch und passend, basta. Rot, Gelb und Orange sind die perfekt wärmenden Farbtöne, wenn es kälter wird.

Winter: Gerade jetzt kann die passende Deko für eine schöne Stimmung sorgen. Filzsterne, Nüsse und kleine Äste oder Stücke von Baumrinde lassen alles gemütlicher wirken. Erd- und Grautöne, gemischt mit Weiß und Rot, sind passende Farben.

FRÜHLINGSMENÜ

KETTENSTICHESALAT
AUF SEITE 104

PADERBORNER KALTSCHALE
AUF SEITE 105

SCHWEINEPFEFFER
MIT BUCHWEIZENKLÖßCHEN
AUF SEITE 106

KETTENSTICHESALAT

MIT KNUSPRIGEN KARTOFFELCHIPS

Hier geht es nicht ums Sticken, sondern um Löwenzahn! Dieser wird von manch einem Sauerländer so witzig betitelt. Schon zum Frühlingsbeginn sieht man die zarten Blättchen sprießen und seit jeher wurden leckere Salate daraus gemacht.

Für das Senf-Kartoffel-Dressing:
2 kleine Knoblauchzehen
100 g gekochte Kartoffel
2 TL körniger Senf
2 TL scharfer Senf
160 ml Apfelessig
100 ml Gemüsebrühe
1 TL Zucker
Salz • Pfeffer aus der Mühle
160 ml Sonnenblumenöl

Für die Kartoffelchips:
400 g festkochende Kartoffeln
80 ml Apfelessig
1–2 Msp. geräuchertes Paprikapulver
Salz
Sonnenblumenöl zum Ausbacken

Außerdem:
400 g Löwenzahn
2 rote Zwiebeln

1. **Für das Senf-Kartoffel-Dressing** den Knoblauch schälen und grob zerteilen. Knoblauch, Kartoffel, beide Senfsorten, Essig, Brühe und Zucker in einen Rührbecher füllen und mit dem Stabmixer fein pürieren. Dressing mit Salz und Pfeffer würzen.

2. Bei laufendem Stabmixer langsam das Öl einfließen lassen, nochmals abschmecken und gegebenenfalls noch etwas Essig, Salz oder Zucker hinzufügen. Senf-Kartoffel-Dressing beiseitestellen.

3. **Für die Kartoffelchips** die Kartoffeln waschen und je nach Geschmack geschält oder ungeschält mit dem Küchenhobel in dünne Scheiben hobeln. In einer Schüssel mit Essig, Paprikapulver und 1 bis 2 kräftigen Prisen Salz mischen und 20 Minuten ziehen lassen.

4. Einen Topf mit breitem Boden und hohem Rand zu etwa einem Drittel mit Öl füllen und das Öl auf etwa 180 °C erhitzen. Die Kartoffelscheiben darin portionsweise knusprig goldbraun ausbacken. Mit einem Schaumlöffel aus dem heißen Fett heben, auf Küchenpapier abtropfen lassen und noch warm mit 2 weiteren Prisen Salz bestreuen.

5. Löwenzahn verlesen, waschen und trocken schleudern. Die Zwiebeln schälen und in feine Würfel schneiden. Löwenzahn mit dem Dressing mischen und auf vier Teller verteilen. Den Kettenstichesalat mit den Zwiebelwürfeln und den Kartoffelchips bestreut servieren.

FÜR 4 PERSONEN

ARBEITSZEIT: 20 MIN.

ZIEHZEIT: 20 MIN.

aus dem Sauerland

PADERBORNER KALTSCHALE

EIN ETWAS VERRÜCKTES DESSERT

Es ist ein buntes Durcheinander an Zutaten, das diesen Nachtisch zu einer Sensation macht. Schmand, Bier, Schwarzbrot – klingt seltsam, schmeckt irre lecker! Vor allem mit den tollen Gewürzen und der fruchtigen Beerengrütze.

1. **Für die Beerengrütze** die frischen Beeren verlesen, waschen und gegebenenfalls putzen. Den Zucker in einem Topf bei mittlerer Hitze bernsteinfarben karamellisieren. Mit 50 ml Wasser ablöschen, die Beeren (jetzt auch die tiefgekühlten) und den Sternanis hinzufügen, aufkochen und köcheln lassen, bis die Beeren weich sind und das Karamell sich gelöst hat.

2. Die Speisestärke mit wenig Wasser glatt rühren. Den Topf mit der Beerengrütze vom Herd ziehen, die Speisestärke unterrühren und den Topf zurück auf den Herd stellen. Beerengrütze nochmals aufkochen und etwa 1 Minute kochen lassen, bis die Stärke bindet. Beerengrütze in eine Schüssel füllen und abkühlen lassen.

3. In der Zwischenzeit **für die Kaltschale** das Schwarzbrot fein zerkrümeln. In einer Schüssel Schmand, Limettensaft, Zucker, Honig, Zimt, Kardamom, Vanillemark und Altbier glatt rühren. Sultaninen und Schwarzbrotkrümel unterheben, dabei 2 EL Schwarzbrot zurückbehalten.

4. Paderborner Kaltschale auf tiefe Teller verteilen. Etwas Beerengrütze in der Tellermitte anrichten und mit Limettenschale und den restlichen Schwarzbrotkrümeln bestreut servieren.

Für die Beerengrütze:

400 g gemischte Beeren (frisch oder tiefgekühlt)
40 g Zucker
2 Sternanis
2 EL Speisestärke

Für die Kaltschale:

4 Scheiben Schwarzbrot
500 g Schmand
2 TL Limettensaft
40 g Zucker
2 EL Honig
½ TL Zimtpulver
½ TL gemahlener Kardamom
Mark von 1 Vanilleschote
300 ml Altbier
4 EL Sultaninen
1 TL abgeriebene Bio-Limettenschale

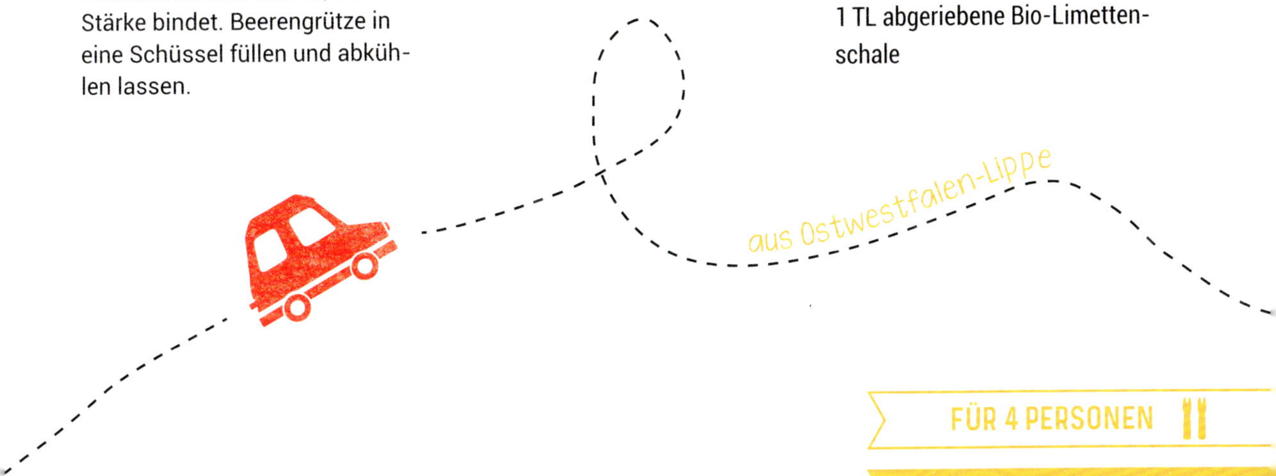

FÜR 4 PERSONEN

ARBEITSZEIT: 30 MIN.

Für den Schweinepfeffer:
100 g Frühstücksspeck (am Stück)
500 g Zwiebeln
2 Möhren
1 kg Schweineschulter
4 EL Schweineschmalz (ersatzweise Butterschmalz oder Sonnenblumenöl)
Salz • Pfeffer aus der Mühle
2 EL Mehl
2 EL Tomatenmark
½ l Rotwein
½ l Rinderfond
2 Lorbeerblätter
1 TL Paprikapulver (edelsüß)
6 Zweige Thymian (gewaschen)
50 g Zartbitterschokolade
3–4 EL Rotweinessig

Für die Buchweizenklößchen:
1 großes Bund Petersilie
Salz
400 g Buchweizenmehl
etwas Rapsöl für die Hände
150–200 g durchwachsener Speck (am Stück)
50 g Butterschmalz

FÜR 4 PERSONEN

ARBEITSZEIT: 1 STD.

GARZEIT: 90 MIN.

SCHWEINEPFEFFER MIT BUCHWEIZENKLÖSSCHEN

SCHMORGERICHT MIT SCHOKO-NOTE

Saftige Schweineschulter, guter Rotwein und ein Hauch Schokolade machen dieses westfälische Schmorgericht zu einem Festessen. Dazu passen krosse Buchweizenklößchen – oder sagen Sie einfach wie die Eifeler „Welkisch Kniedeln".

1. Für den Schweinepfeffer den Frühstücksspeck in feine Würfel schneiden. Die Zwiebeln und die Möhren schälen und ebenfalls in feine Würfel schneiden. Schweineschulter in gulaschgroße Würfel schneiden.

2. Schweineschmalz in einem schweren Topf erhitzen und das Fleisch darin rundum unter regelmäßigem Umrühren scharf anbraten, bis es gebräunt ist. Fleisch kräftig mit Salz und Pfeffer würzen, aus dem Topf nehmen und beiseitestellen.

3. Frühstücksspeck, Zwiebeln und Möhren zum Bratfett hinzufügen und bei mittlerer Hitze andünsten. Fleischwürfel zurück in den Topf füllen und gleichmäßig mit Mehl bestäuben. Mehl unter Rühren 1 bis 2 Minuten anrösten.

4. Tomatenmark hinzufügen und unter Rühren ebenfalls 1 bis 2 Minuten anrösten. Mit Wein und Fond ablöschen.

5. Lorbeerblätter, Paprikapulver und Thymian hinzufügen, Schweinepfeffer aufkochen und zugedeckt bei schwacher Hitze etwa 90 Minuten schmoren, bis das Fleisch zart ist. Bei Bedarf noch etwas Fond angießen.

6. In der Zwischenzeit **für die Buchweizenklößchen** Petersilie waschen und trocken schütteln, die Blätter abzupfen und fein hacken (es sollten sich etwa 8 EL Petersilie ergeben). In einem Topf 1 l Wasser und 1 TL Salz aufkochen und den Topf vom Herd ziehen. Das Buchweizenmehl und die Petersilie auf einmal hineinschütten und mit einem Kochlöffel unterrühren, bis sich die Masse als Kloß vom Topfboden löst.

7. In einem größeren Topf reichlich Salzwasser aufkochen. Aus dem Buchweizenteig mit leicht geölten Händen runde, etwa haselnussgroße Klößchen formen.

8. Klößchen in das kochende Wasser legen, die Hitze zurückschalten und Klößchen etwa 10 Minuten simmern lassen.

9. Den Speck in feine Würfel schneiden. Butterschmalz in einer Pfanne zerlassen und den Speck darin bei mittlerer Hitze knusprig braten. Klößchen in ein Sieb abgießen, zum Speck geben und rundum anbraten.

10. Schokolade fein hacken. Den Schweinepfeffer vom Herd nehmen, Lorbeerblatt und Thymianzweige entfernen. Den Essig und die Schokolade unterrühren, bis sie geschmolzen ist. Den Schweinepfeffer nochmals abschmecken und mit den Buchweizenklößchen anrichten.

aus Westfalen und der Eifel

SOMMERMENÜ

SALAT
AUS DREIERLEI
BOHNEN
AUF SEITE 110

MILCHREIS-EIS MIT
KIRSCHKOMPOTT
AUF SEITE 112
ZWIEBELFLEISCH
AUF SEITE 111

SALAT AUS DREIERLEI BOHNEN

BREIT, LANG ODER RUND

Das Schöne an Bohnen ist ihre Vielfalt und die wird in NRW von dick bis dünn abgefeiert. Dieser Salat ist eine tolle Abwechslung zu einem normalen Blattsalat und ein angemessener Opener für ein zünftiges, aber sommerliches Festmenü.

400 g Wachsbohnen (alternativ Buschbohnen)
400 g breite Bohnen
Salz
2 TL Backpulver
400 g ausgehülste Dicke Bohnen (frisch oder tiefgekühlt)
250 g durchwachsener Räucherspeck (am Stück; alternativ Räuchertofu)
2 EL Sonnenblumenöl
2 kleine rote Zwiebeln
1 Bund Dill
2 TL scharfer Senf
4 EL Rotweinessig
4 EL Gemüsebrühe
Zucker
Pfeffer aus der Mühle

1. Die Wachsbohnen putzen, waschen und halbieren. Breite Bohnen putzen, waschen und schräg in 2 cm lange Stücke schneiden.

2. In einem Topf gut gesalzenes Wasser aufkochen, das Backpulver und die Dicken Bohnen hinzufügen und 10 Minuten sprudelnd kochen lassen. Dann Wachsbohnen sowie breite Bohnen hinzufügen und bei mittlerer Hitze weitere 10 Minuten garen.

3. Den Räucherspeck in Streifen schneiden. Das Öl in einer Pfanne erhitzen und den Speck darin ausbraten, bis er knusprig ist. (**Für eine vegetarische Variante** den Räuchertofu in Würfel schneiden und in 3 EL Öl rundum knusprig braten – das zusätzliche Fett ist wichtig für eine sämige Salatsauce.)

4. Zwiebeln schälen, halbieren und in feine Scheiben schneiden. Dill waschen und trocken schütteln, die Spitzen abzupfen und fein hacken. Senf, Essig und Brühe in die Pfanne zum Speck (oder Tofu) gießen und zu einem sämigen Dressing verrühren. Mit Salz, 1 Prise Zucker und Pfeffer nach Geschmack würzen.

5. Bohnen in ein Sieb abgießen und kalt abschrecken. In die Pfanne geben und im Dressing wenden. Zwiebeln und Dill ebenfalls unterrühren, den lauwarmen Bohnensalat auf Teller verteilen und lauwarm oder etwas abgekühlt servieren.

TIPP: Dank des Backpulvers im Kochwasser behalten die Dicken Bohnen ihre Farbe.

aus ganz NRW

FÜR 4 PERSONEN

ARBEITSZEIT: 45 MIN.

ZWIEBELFLEISCH

TAFELSPITZ DER BESONDEREN ART

Zwiebelfleisch war in Westfalen lang ein traditionelles Hochzeitsgericht. Damals war Fleisch sehr teuer und kam oft nur zu besonderen Anlässen auf den Tisch. Die Sauce macht nicht nur ausgewiesene Zwiebelfans glücklich.

1. Für das Zwiebelfleisch Petersilien und Liebstöckel zu einem Kräutersträußchen zusammenbinden. Zwiebel halbieren und die Schnittflächen in einer Pfanne ohne Fett anrösten, bis sie fast schwarz sind. Möhre und Sellerie waschen und in grobe Stücke schneiden. Lauch halbieren, gründlich waschen und in grobe Halbringe schneiden. Knoblauch schälen.

2. Öl in einem großen, schweren Topf erhitzen und das Rindfleisch darin rundum scharf anbraten. Zwiebel, Möhre, Sellerie, Lauch, Knoblauch, Kräutersträußchen, Piment, Lorbeer und Pfefferkörner hinzufügen und mit 2 l Wasser aufgießen.

3. Aufkochen lassen, dann bei schräg aufgelegtem Deckel bei schwacher Hitze etwa 2 Stunden köcheln lassen, dabei regelmäßig den Schaum abnehmen. Nach etwa 1 Stunde die Brühe salzen. Nach 2 Stunden testen, ob das Fleisch zart ist. Aus der Brühe nehmen und zugedeckt warm halten.

4. Für die Zwiebelsauce die Zwiebeln schälen, halbieren und in feine Halbringe schneiden. Die Butter in einem Topf erhitzen und die Zwiebeln darin bei schwacher bis mittlerer Hitze unter regelmäßigem Rühren weich dünsten – sie sollen keine Farbe nehmen. Mehl gleichmäßig über die weichen Zwiebeln streuen und etwa 5 Minuten unter Rühren mit anrösten.

5. Zwiebeln mit ¾ l der Fleischbrühe ablöschen (aus der restlichen Brühe lässt sich eine feine Suppe herstellen) und glatt rühren. Unter Rühren aufkochen und leise köcheln lassen, bis die Sauce bindet. Mit Senf, Salz, weißem Pfeffer, Essig und Zucker würzen. Nochmals abschmecken und nach Wunsch mehr Essig oder Zucker hinzufügen – der genaue Grad an Süße oder Säure ist vom persönlichen Geschmack abhängig.

6. Rindfleisch in dicke Scheiben schneiden und etwa 5 Minuten in der Sauce ziehen lassen. Dazu schmecken Salzkartoffeln.

Für das Zwiebelfleisch:
einige Stiele Petersilie
einige Stiele Liebstöckel
1 Zwiebel • 1 Möhre
100 g Knollensellerie
½ Stange Lauch
1 Knoblauchzehe
3 EL Sonnenblumenöl
1 kg Tafelspitz (Rind)
2 Pimentkörner
1 Lorbeerblatt
5 schwarze Pfefferkörner • Salz

Für die Zwiebelsauce:
4 große Zwiebeln
50 g Butter
1 gehäufter TL Mehl
1 gehäufter TL Senf
Salz • weißer Pfeffer aus der Mühle
2 EL Weißweinessig
½ TL Zucker

FÜR 4 PERSONEN

ARBEITSZEIT: 30 MIN.

GARZEIT: 2½ STD.

aus Westfalen

Für das Milchreis-Eis:
2 Vanilleschoten
100 g Milchreis
½ l Milch
200 g Sahne
60 g Zucker
1 TL abgeriebene Bio-Zitronenschale
4 Eigelb
120 g Puderzucker

Für die Streusel:
150 g Mehl
35 g Zucker
75 g kalte Butter
1 Eigelb
¼ TL Vanillepaste

Für das Kirschkompott:
300 g Sauerkirschen
25 g Zucker
150 ml Kirschsaft
1 gehäufter TL Speisestärke

FÜR 4 PERSONEN

ARBEITSZEIT: 1 STD.

GARZEIT: 25 MIN.

KÜHLZEIT: 4 STD.

BACKZEIT: 15 MIN.

Alle Komponenten für das Dessert lassen sich auch schon gut am Vortag zubereiten. Das Kirschkompott können Sie dann nach Belieben vor dem Servieren noch etwas erwärmen.

MILCHREIS-EIS MIT KIRSCHKOMPOTT

RICHTIG GELESEN. EIN EIS.

An heißen Tagen denkt man nur selten an Milchreis, oder? Wir bei den Heimathäppchen schon, lieben wir ihn doch allzu sehr. Also machen wir doch einfach ein Eis daraus!

1. **Für das Milchreis-Eis** die Vanilleschoten längs aufschneiden und das Mark herauskratzen. Milchreis, Milch, Sahne, Zucker, Vanillemark und -schote sowie die Zitronenschale in einem Topf bei mittlerer Hitze zum Kochen bringen.

2. Die Temperatur zurückschalten und den Reis bei aufgelegtem Deckel etwa 25 Minuten köcheln lassen, bis er ausgequollen ist. Dabei regelmäßig umrühren, damit er nicht anbrennt. Milchreis vom Herd nehmen und die Vanilleschoten entfernen.

3. Eigelbe und Puderzucker in einer Metallschüssel mit einem Schneebesen verrühren. In einem Topf, auf den die Schüssel passt, etwa 6 cm hoch Wasser erhitzen, bis es simmert. Eigelbmischung auf dem Wasserbad unter ständigem Rühren mit einem Teigspatel auf 75 °C erhitzen, sodass die Eigelbe binden – das nennt man auch „zur Rose abziehen".

4. Vom Wasserbad nehmen, durch ein feinmaschiges Sieb gießen und Reis unterrühren.

5. Die Milchreismasse unter regelmäßigem Rühren auf Zimmertemperatur abkühlen lassen. In eine flache Schale füllen und mit Frischhaltefolie zugedeckt mindestens 4, besser 6 Stunden tiefkühlen lassen. Dabei alle 30 Minuten mit dem Schneebesen durchrühren, bis die Masse fest wird – das verhindert die Bildung großer Eiskristalle.

6. In der Zwischenzeit **für die Streusel** Mehl und Zucker in einer Schüssel mischen. Butter in Würfel schneiden und zur Mehlmischung geben. Ei, Vanillepaste und 1 TL eiskaltes Wasser hinzufügen und mit den Knethaken des Handrührgeräts rasch zu einem krümeligen Teig kneten. Zugedeckt 30 Minuten kühl stellen.

7. Den Backofen auf 180 °C vorheizen. Ein Backblech mit Backpapier auslegen und den Streuselteig in groben Krümeln darauf verteilen. Im Ofen auf der mittleren Schiene etwa 15 Minuten backen, bis die Streusel knusprig und goldbraun sind. Herausnehmen und abkühlen lassen.

8. **Für das Kirschkompott** die Kirschen waschen, halbieren und entsteinen. Den Zucker in einem Topf bei mittlerer Hitze goldbraun karamellisieren. Mit dem Saft ablöschen, köcheln lassen, bis sich der Karamell gelöst hat, und den Topf vom Herd ziehen.

9. Speisestärke in wenig Wasser glatt rühren und unter ständigem Rühren in die Kirschsaftmischung gießen. Topf zurück auf den Herd stellen und unter ständigem Rühren 1 Minute sprudelnd kochen lassen. Kirschen unterrühren und Kompott nach Wunsch warm halten oder abkühlen lassen.

10. Milchreis-Eis mit einem Eisportionierer in Schälchen portionieren, mit etwas Kirschkompott begießen und mit Streuseln bestreut servieren.

vom Niederrhein

HERBSTMENÜ

MÖHRENSALAT
AUF SEITE 116

BRATAPFEL-SCHICHTDESSERT
AUF SEITE 117

MÜNSTERLÄNDER TÖTTCHEN
AUF SEITE 118

MÖHRENSALAT

MURRESCHLAAT VOM FEINSTEN

Ob Möhren, Karotten oder, wie die Rheinländer gern sagen, „Murre" – ein Salat aus dem Wurzelgemüse haut erst mal keinen vom Hocker. Dabei ist es so einfach, ihm mit ein paar kleinen Tricks einen großen Auftritt zu verschaffen!

500 g Sahnejoghurt (10 % Fett)
Salz
50 g Haselnusskerne
700 g Möhren
100 ml Sonnenblumenöl
2 Knoblauchzehen

Außerdem:
Kaffeefilter oder Käsetuch zum Abtropfen

1. Joghurt mit ½ TL Salz verrühren und in einen Kaffeefilter oder in ein mit einem Käsetuch ausgelegtes Sieb füllen. Den Joghurt im Kühlschrank 1 Stunde abtropfen lassen.

2. In der Zwischenzeit die Haselnüsse in einer Pfanne ohne Fett anrösten, bis sie duften. Auf ein sauberes Küchentuch legen und die Schale abreiben.

3. 8 Haselnüsse beiseitestellen. Restliche Haselnüsse in eine Gefriertüte füllen und mit dem Nudelholz oder Fleischklopfer fein zerdrücken. Zurückbehaltene Haselnüsse grob hacken.

4. Möhren putzen und schälen. Mit dem Sparschäler von allen Seiten lange Streifen abziehen, bis die Möhren bis auf einen dünnen Rest vollständig zerkleinert sind.

5. Öl bei mittlerer Hitze in einer Pfanne erhitzen, die Möhren hinzufügen und zugedeckt etwa 10 Minuten weich dünsten. Dabei ab und an umrühren, damit sie nicht anbrennen.

6. Knoblauch schälen und in feine Würfel schneiden. Knoblauch zu den Möhren hinzufügen und etwa 1 Minute mitbraten. Möhren vom Herd nehmen, zerdrückte Haselnüsse und Salz nach Geschmack unterrühren und abkühlen lassen.

7. Möhren auf vier Tellern anrichten. Abgetropften Joghurt in dicken Nocken auf dem Gemüse anrichten, mit den gehackten Haselnüssen bestreuen und servieren. Dazu schmecken geröstete Baguettescheiben.

aus dem Rheinland

FÜR 4 PERSONEN

ARBEITSZEIT: 25 MIN.

ABTROPFZEIT: 1 STD.

BRATAPFEL-SCHICHTDESSERT

GRIEẞBREI DE LUXE

Im Herbst haben Äpfel Hochsaison, also wieso bis zum Winter auf einen leckeren Bratapfel warten? Hier wird der Klassiker im Ofen zum Kompott und der schnöde Grießbrei mit Schlagsahne zur edlen Creme.

1. **Für das Bratapfelkompott** die Sultaninen mit 2 EL Saft und nach Belieben mit dem Rum übergießen und beiseitestellen.

2. Den Backofen auf 175 °C vorheizen. Die Zitrone heiß waschen und trocken reiben, 2 Streifen Zitronenschale abschälen und den Saft auspressen. Die Äpfel schälen, vierteln und entkernen. Apfelviertel in kleine Würfel schneiden. Mit Zitronensaft, restlichem Apfelsaft, Zucker und der Zimtstange mischen und in eine Auflaufform füllen.

3. Äpfel im Ofen auf der mittleren Schiene etwa 20 Minuten backen, bis sie weich, aber noch stückig sind. Dabei gelegentlich umrühren.

4. In der Zwischenzeit **für die Grießcreme** die Vanilleschote längs aufschneiden und das Mark herauskratzen. Vanillemark, Milch und 50 g Zucker in einem Topf aufkochen. Den Grieß unter Rühren in die kochende Milch rieseln lassen und 1 bis 2 Minuten kochen, bis die Masse eindickt. Grießbrei in eine Schüssel umfüllen und ein Stück Frischhaltefolie direkt auf die Oberfläche legen, damit sich keine Haut bildet. Grießbrei abkühlen lassen.

5. Bratapfelkompott aus dem Ofen nehmen, in eine Schüssel füllen und die Sultaninen samt Einweichflüssigkeit unterrühren. Kompott abkühlen lassen.

6. Die Sahne mit dem restlichen Zucker steif schlagen. Grießbrei durchrühren und die Sahne unterheben.

7. Mandelstifte in einer Pfanne ohne Fett bei mittlerer Hitze anrösten, bis sie goldbraun sind und duften, dabei die Pfanne regelmäßig schütteln.

8. Abwechselnd Grießcreme und Bratapfelkompott in sechs Dessertgläser schichten. Schichtdessert mit den Mandeln bestreuen und mit jeweils 1 Prise Zimt bestäuben. Das Dessert sofort servieren oder bis zum Verzehr in den Kühlschrank stellen.

Für das Bratapfelkompott:
30 g Sultaninen
150 ml Apfelsaft
1 TL Rum (nach Belieben)
1 Bio-Zitrone
750 g säuerliche Äpfel
35 g brauner Zucker
1 Zimtstange

Für die Grießcreme:
1 Vanilleschote
½ l Milch
70 g Zucker
50 g Weichweizengrieß
100 g Sahne

Außerdem:
100 g Mandelstifte
Zimtpulver zum Bestäuben

FÜR 6 PERSONEN

ARBEITSZEIT: 45 MIN.

BACKZEIT: 20 MIN.

KÜHLZEIT: 30 MIN.

Für das Münsterländer Töttchen:
2 Zwiebeln
200 g Knollensellerie
2 EL Rapsöl
800 g Kalbsschulter oder -brust
4 Lorbeerblätter
2 TL Wacholderbeeren
2 TL Pimentkörner
4 Stiele Petersilie
Salz • Pfeffer aus der Mühle
500 g Blätterteig (aus dem Kühlregal)
2 Möhren
200 g Erbsen
2 Schalotten
2 EL Butter
4 EL Mehl
4 EL Sahne
1 TL Senf
Worcestershiresauce
Cayennepfeffer

Außerdem:
8 runde Pastetenförmchen (alternativ eine Muffinform)
weiche Butter für die Förmchen

FÜR 4 PERSONEN

ARBEITSZEIT: 45 MIN.

GARZEIT: 1½ STD.

Wem der Teigmantel zu viel Arbeit ist, der kann Töttchen auch pur essen. Im Münsterland isst man einfach Brot dazu! Dazu passen dann auch noch Altbier und eine saure Gurke.

MÜNSTERLÄNDER TÖTTCHEN

WÜRZIGES KALBSRAGOUT

Kalbfleisch, cremige Sauce und knuspriger Blätterteig – das sind die Zutaten, aus denen kulinarische Köstlichkeiten geboren werden. Die Heimathäppchen zeigen sich von ihrer kreativen Seite und verpacken ein westfälisches Arme-Leute-Essen ganz schön schick.

1. Für das Münsterländer Töttchen Zwiebeln schälen, Sellerie putzen und schälen. Beides in grobe Würfel schneiden. Öl in einem Bräter erhitzen und Gemüse darin mit dem Fleisch anbraten. Dann so viel Wasser angießen, dass alles gut bedeckt ist.

2. Lorbeerblätter, Wacholderbeeren, Piment und Petersilie hinzufügen, mit Salz und Pfeffer würzen, aufkochen und bei aufgelegtem Deckel 1½ Stunden leise simmern lassen. Dabei gegebenenfalls mehrfach den Schaum abnehmen.

3. In der Zwischenzeit den Backofen auf 180 °C Umluft vorheizen und ein Backblech mit Backpapier auslegen. Die Pastetenförmchen mit Butter einfetten. Aus dem Blätterteig insgesamt 16 Kreise ausschneiden: 8 größere Kreise, mit denen die vorbereiteten Förmchen sorg fältig ausgelegt werden, und 8 Kreise, die als Deckel dienen.

4. Blätterteig mit einer Gabel gleichmäßig einstechen und im Ofen auf der mittleren Schiene etwa 15 Minuten backen, bis der Blätterteig goldbraun ist. Pastetchen aus dem Ofen nehmen, 5 Minuten abkühlen lassen und vorsichtig aus den Formen lösen.Vollständig abkühlen lassen.

5. Das Fleisch aus dem Topf nehmen und auf einem Teller abkühlen lassen. Die Brühe durch ein feines Sieb in einen weiteren Topf abgießen und abkühlen lassen. Das Gemüse entsorgen.

6. Möhren putzen, schälen, in Scheiben schneiden und in wenig aufgefangener Brühe etwa 8 Minuten bissfest garen. Nach 2 Minuten Erbsen hinzufügen.

7. Das gekochte Fleisch gegebenenfalls von Fett und Sehnen befreien und in kleine Würfel schneiden. Schalotte schälen und in feine Würfel schneiden.

8. Etwas Butter in einem Topf zerlassen und die Schalotte darin andünsten. Das Mehl darüberstäuben und gut verrühren.

9. Unter Rühren 400 ml der abgekühlten Kalbsbrühe hinzufügen, aufkochen und so lange köcheln lassen, bis die Sauce bindet. Sahne, Senf und 1 Spritzer Worcestershiresauce hinzufügen, mit 1 Prise Cayennepfeffer und nach Belieben mit Salz und Pfeffer würzen.

10. Kalbfleisch sowie Möhrenscheiben und Erbsen in der Sauce erwärmen. Das Münsterländer Töttchen in die Blätterteigpasteten füllen, die Deckel auflegen und sofort servieren.

WINTERMENÜ

KARTOFFEL-
MARONEN-
SUPPE
AUF SEITE 122

RÜBENKRAUT-MOUSSE
AUF SEITE 123

AUFLAUF VOM BERGMANNSSPARGEL
AUF SEITE 124

KARTOFFEL-MARONEN-SUPPE

CREMIG, SANFT UND LECKER

Wer Maronen mag und gern selbst sammelt, sollte sich die Wälder von Alpen-Bönninghardt am Niederrhein in der Karte markieren. Ob nun selbst gesammelt oder gekauft – mit den Esskastanien macht man am besten ein feines Süppchen.

1 Zwiebel
400 g mehligkochende Kartoffeln
300 g Maronen (vorgegart und vakuumiert)
40 g Butter
800 ml Gemüsebrühe
100 g Sahne
Salz • Pfeffer aus der Mühle
1 Apfel
einige Halme Schnittlauch

1. Die Zwiebel schälen, die Kartoffeln schälen und waschen. Beides in feine Würfel schneiden. Die Maronen grob hacken.

2. In einem Topf 1 EL Butter erhitzen und die Zwiebel darin andünsten. Kartoffeln und 200 g Maronen hinzufügen und 1 bis 2 Minuten andünsten. Mit der Brühe ablöschen, aufkochen und bei mittlerer Hitze bei aufgelegtem Deckel 30 Minuten köcheln lassen.

3. Sahne hinzufügen, die Suppe glatt pürieren und mit Salz und Pfeffer würzen. Kartoffel-Maronen-Suppe warm halten.

4. Den Apfel schälen, vierteln und entkernen. Apfelviertel in kleine Würfel schneiden. Die restliche Butter in einer kleinen Pfanne erhitzen, die Apfelwürfel sowie die restlichen Maronen darin unter Rühren einige Minuten anrösten.

5. Den Schnittlauch waschen, trocken schütteln und in feine Röllchen schneiden.

6. Die Kartoffel-Maronen-Suppe auf Teller verteilen und das Apfel-Maronen-Gröstel darauf anrichten. Mit dem Schnittlauch bestreut servieren.

vom Niederrhein

FÜR 4 PERSONEN

ARBEITSZEIT: 20 MIN.

GARZEIT: 30 MIN.

RÜBENKRAUT-MOUSSE

DIESER NACHTISCH GEHT IMMER!

Unschwer zu erkennen: Das Heimathäppchen-Team liebt Rübenkraut! Kennt man ja eigentlich als simplen Brotaufstrich. Wieso nicht einmal experimentieren und aus dem typisch rheinischen Zuckerrübensirup eine luftige Mousse zaubern?

1. Für die Rübenkraut-Mousse Milch, Agar-Agar und Vanille in einem Topf verrühren und aufkochen. Bei schwacher Hitze 1 Minute köcheln lassen und beiseitestellen.

2. Eigelbe mit Rübenkraut und 1 Prise Salz in eine Metallschüssel füllen und verrühren. In einem Topf, auf den die Schüssel passt, etwa 5 cm hoch Wasser aufkochen und die Hitze zurückschalten, sodass das Wasser simmert. Schüssel auf den Topf setzen und die Eigelbmischung mit einem Schneebesen schaumig schlagen.

3. Milchmischung unter ständigem Rühren zur Eigelbmischung geben und die Schüssel vom Wasserbad nehmen. Mischung erst auf Zimmertemperatur abkühlen lassen, dann 10 Minuten in den Kühlschrank stellen – die Masse soll leicht anziehen.

4. Die Sahne steif schlagen, mit einem Schneebesen vorsichtig unter die Masse heben und die Mousse zugedeckt mindestens 2 Stunden kühl stellen.

5. Für die Deko Pumpernickel fein zerbröseln und in einer Pfanne ohne Fett anrösten, bis er duftet. Aus der Pfanne nehmen und beiseitestellen. Obst nach Wahl waschen bzw. schälen und mundgerecht zerkleinern.

6. Aus der Rübenkraut-Mousse Nocken abstechen und auf Desserttellern anrichten. Mit dem gerösteten Pumpernickel bestreuen und mit dem vorbereiteten Obst garnieren.

Für die Rübenkraut-Mousse:
150 ml Milch
3 TL Agar-Agar
1 Msp. gemahlene Vanille
2 Eigelb
50 g Rübenkraut
Salz
300 g kalte Sahne

Für die Deko:
1 Scheibe Pumpernickel
250 g gemischtes Obst (nach Wahl)

aus dem Rheinland

FÜR 4 PERSONEN

ARBEITSZEIT: 30 MIN.

KÜHLZEIT: 2 STD.

150 ml Essig
700 g Schwarzwurzeln
700 g Kartoffeln
Salz
1 Zwiebel
2 Knoblauchzehen
20 g Butter
500 g Sahne
400 g saure Sahne
Pfeffer aus der Mühle
frisch geriebene Muskatnuss
1 Bund Schnittlauch
150 g mittelalter Gouda

FÜR 4 PERSONEN

ARBEITSZEIT: 45 MIN.

BACKZEIT: 15 MIN.

AUFLAUF VOM BERGMANNSSPARGEL

ÜBERBACKENE SCHWARZWURZELN

Schwarzwurzeln werden im Ruhrgebiet auch liebevoll „Bergmannsspargel" genannt. Die leckeren Stangen sind eine tolle Beilage, aber auch als Hauptdarsteller in einem Auflauf mit Kartoffeln und einer cremigen Sauce sorgen sie für Begeisterung.

1. Eine Schüssel mit Wasser und 100 ml Essig füllen. Schwarzwurzeln schälen, waschen, in etwa 3 cm lange Stücke schneiden und sofort in das vorbereitete Essigwasser legen, damit sie nicht braun werden. Kartoffeln schälen, waschen und in mundgerechte Würfel schneiden.

2. Kartoffeln in einem Topf mit Salzwasser aufkochen und bei schräg aufgelegtem Deckel bei mittlerer Hitze etwa 15 Minuten bissfest garen.

3. Für die Schwarzwurzeln in einem Topf Salzwasser und Essig aufkochen, die abgegossenen Schwarzwurzeln hinzufügen und bei schräg aufgelegtem Deckel bei mittlerer Hitze etwa 20 Minuten bissfest garen.

4. Inzwischen den Backofen auf 180 °C vorheizen. Die Zwiebel und den Knoblauch schälen und in feine Würfel schneiden.

5. Die Butter in einem Topf erhitzen, Zwiebel und Knoblauch darin bei mittlerer Hitze unter Rühren andünsten. Sahne und saure Sahne hinzufügen, mit Salz, Pfeffer und 1 Prise Muskatnuss kräftig würzen und einmal aufkochen. Die Sauce vom Herd nehmen und beiseitestellen.

6. Schnittlauch waschen, trocken schütteln, in feine Röllchen schneiden und unter die Sahnesauce rühren. Gouda auf der groben Seite der Küchenreibe raspeln. Kartoffeln und Schwarzwurzeln in ein Sieb abgießen und mit der Sauce mischen.

7. Mischung in eine Auflaufform füllen und mit dem Käse bestreuen. Im Ofen auf der mittleren Schiene etwa 15 Minuten überbacken, bis der Käse goldbraun ist. Den Schwarzwurzelauflauf aus dem Ofen nehmen und in der Form servieren.

TIPP: Schwarzwurzeln sondern klebrigen, bräunlich färbenden Milchsaft ab, der auch nur schwer aus Kleidung zu entfernen ist. Deshalb empfiehlt es sich, Gummihandschuhe und eine Schürze zu tragen.

aus dem Ruhrgebiet

WEIHNACHTSMENÜ
FEINE ROTKOHLSUPPE
AUF SEITE 128

PRINTENTRIFLE
AUF SEITE 129
RINDERROULADEN
MIT SCHMORKOHL
AUF SEITE 130

FEINE ROTKOHLSUPPE

KOHLSUPPE DER BESONDEREN ART

NRW ist „Kohlland", daher verwundert es nicht, dass frischer Rotkohl aus der Region plötzlich als cremiges Süppchen vor einem landet. Die Zutaten sind liebevoll kombiniert und dem Weihnachtsmenü mehr als würdig.

2 rote Zwiebeln
60 g Gänseschmalz (alternativ Butterschmalz)
ca. 520 g Rotkohl
2 mittelgroße Kartoffeln
200 ml trockener Rotwein
1 l Rinderfond (alternativ Gemüsefond)
4 Pimentkörner
2 Lorbeerblätter
Salz • Pfeffer aus der Mühle
4 EL Orangensaft
2 EL Sonnenblumenöl
4 EL Rotweinessig
60 g Preiselbeerkompott (aus dem Glas)
200 g Crème fraîche
Zucker

1. Die Zwiebeln schälen und in feine Würfel schneiden. Das Schmalz in einem Topf erhitzen und die Zwiebelwürfel darin andünsten. 450 g Rotkohl putzen, waschen und in grobe Würfel schneiden. In den Topf geben und bei mittlerer Hitze unter gelegentlichem Rühren etwa 5 Minuten anbraten.

2. Kartoffeln schälen, waschen und in feine Würfel schneiden. Rotkohl mit dem Wein ablöschen und einkochen lassen. Fond angießen und die Kartoffelwürfel hinzufügen. Piment und Lorbeerblätter in ein Tee-Ei oder einen Einweg-Teebeutel füllen und in die Suppe hängen.

3. Rotkohlsuppe mit Salz und Pfeffer würzen, aufkochen und bei mittlerer Hitze und aufgelegtem Deckel etwa 1 Stunde köcheln lassen, bis der Rotkohl sehr weich ist.

4. Währenddessen den restlichen Rotkohl in sehr feine Streifen schneiden, in einer Schüssel mit dem Orangensaft mischen und mit Salz und Pfeffer würzen. Das Öl unterrühren.

5. Die Gewürze aus der Suppe nehmen. Essig, Preiselbeerkompott, 140 g Crème fraîche und 2 Prisen Zucker zur Suppe geben und alles mit dem Stabmixer glatt pürieren. Rotkohlsuppe nochmals aufkochen und nach Belieben mit Salz, Pfeffer und Zucker abschmecken.

6. Die Rotkohlsuppe auf Teller verteilen und jeweils 1 EL Crème fraîche in der Mitte verstrudeln. Den marinierten Rotkohl auf die Crème fraîche setzen und die Rotkohlsuppe sofort servieren.

aus ganz NRW

FÜR 4 PERSONEN

ARBEITSZEIT: 25 MIN.

GARZEIT: 1 STD.

PRINTENTRIFLE

VERLOCKENDE SCHICHTEN

Als krönender Abschluss des Weihnachtsmenüs macht dieses Trifle mit Orange und Aachener Printen dem Anlass alle Ehre. Gibt es eine schönere Art, den Lieben „Frohe Weihnachten“ zu sagen?

Für die kandierte Orangenschale:
2 Bio-Orangen
230 g Zucker

Für das Trifle:
2 Orangen (von der kandierten Orangenschale)
3 EL Grand Marnier (Orangenlikör)
160 g Hartprinten
100 g Sahne
60 g Zucker
500 g Speisequark

1. Für die kandierte Orangenschale die Orangen heiß waschen und trocken reiben. Mit dem Zestenreißer Zesten abziehen, dabei darauf achten, dass das Weiße der Orangenschale nicht mit abgeschält wird. (Alternativ kann man die Orangen mit einem Sparschäler schälen und anschließend in feine Streifen schneiden.)

2. Orangenzesten in einem Topf mit Wasser bedecken, aufkochen und den Topfinhalt in ein Sieb gießen. Im selben Topf Zucker und 240 g Wasser aufkochen. Abgetropfte Orangenzesten hinzufügen und bei mittlerer Hitze etwa 15 Minuten köcheln lassen, bis die Zesten durchsichtig sind und der Sirup dicker wird.

3. Orangenzesten mit dem Sirup in ein Schälchen umfüllen und abkühlen lassen.

4. Für das Trifle die Orangen filetieren, dabei den Saft auffangen. Orangenfilets mit 1 EL Orangenlikör beträufeln. Die Printen in mittelgroße Stücke brechen. 4 EL Orangensaft und 1 EL Likör mischen und die Printen damit beträufeln.

5. Sahne mit der Hälfte des Zuckers steif schlagen. Speisequark mit dem restlichen Zucker und dem übrigen Likör cremig rühren. Sahne unterziehen.

6. Die Hälfte der eingeweichten Printen auf vier Dessertgläser verteilen. Darauf einige Orangenfilets und die Hälfte der Quarkcreme verteilen. Den Vorgang wiederholen und die Creme mit kandierter Orangenschale und gegebenenfalls mit übrigen Orangenfilets garnieren. Printentrifle vor dem Servieren im Kühlschrank mindestens 1 Stunde durchziehen lassen.

TIPP: Die kandierte Orangenschale hält sich in einem Schraubglas im Kühlschrank etwa 2 Wochen, kann also gut im Voraus zubereitet werden.

aus Aachen

FÜR 4 PERSONEN

ARBEITSZEIT: 40 MIN.

KÜHLZEIT: 1 STD.

Für die Rouladen:
3 Schalotten
6 Gewürzgurken
6 Rinderrouladen
Salz • Pfeffer aus der Mühle
6 gehäufte TL scharfer Senf
12 Scheiben Frühstücksspeck
Butterschmalz zum Anbraten

Für die Sauce:
25 g zimmerwarme Butter
25 g Mehl
1 große Möhre • ½ Stange Lauch
¼ Sellerieknolle
1 Zwiebel • 1 Knoblauchzehe
1 EL Tomatenmark
¼ l Rotwein (alternativ mehr Rinderfond)
½ l Rinderfond
1 Lorbeerblatt • 2 Pimentkörner
Salz • Pfeffer aus der Mühle

Für den Schmorkohl:
1 kleiner Weißkohl
2 große Zwiebeln
50 g Butterschmalz
Salz • Pfeffer aus der Mühle
½ TL ganzer Kümmel
30 ml Weißweinessig • Zucker
½ l Gemüsefond
4 Stiele Estragon (gehackt)

Außerdem:
Küchengarn oder Rouladennadeln bzw. -klammern

FÜR 4–6 PERSONEN

ARBEITSZEIT: 50 MIN.

GARZEIT: 2 STD.

RINDERROULADEN MIT SCHMORKOHL

WIE BEI MUTTI!

Gutes wird gefüllt und geschmort, so kann man es auf den Punkt bringen, wenn es um Rouladen geht. Sie sind und bleiben einfach der Klassiker par excellence!

1. Für die Rouladen Schalotten schälen und wie die Gewürzgurken in feine Würfel schneiden. Fleisch plattieren: Dafür die Scheiben zwischen zwei Lagen Frischhaltefolie oder einen aufgeschnittenen Gefrierbeutel legen und mit dem Fleischklopfer oder einer Stielkasserole gleichmäßig dünn klopfen.

2. Rouladen auf beiden Seiten mit Salz und Pfeffer würzen und eine Seite mit Senf bestreichen. Mit jeweils 2 Scheiben Frühstücksspeck auslegen und gleichmäßig mit je 1/6 der Gemüsewürfel bestreuen. Rouladen seitlich einklappen und fest aufrollen. Mit Küchengarn zusammenbinden oder mit Rouladennadeln oder -klammern feststecken.

3. Etwas Butterschmalz in einem Bräter oder einer tiefen Pfanne erhitzen und die Rouladen darin rundum scharf anbraten. Aus dem Bräter nehmen.

4. Für die Sauce die Butter mit dem Mehl verkneten und in Frischhaltefolie gewickelt in den Kühlschrank legen. Die Möhre putzen, schälen und in Scheiben schneiden. Lauch gut waschen und in Ringe schneiden. Den Sellerie schälen und in grobe Würfel schneiden. Die Zwiebel schälen und achteln. Knoblauch ebenfalls schälen.

5. Das Gemüse im Bratfett der Rouladen kräftig anbraten. Tomatenmark unterrühren und 1 Minute anrösten. Mit Wein und Fond ablöschen (essen Kinder mit, wird der Rotwein durch mehr Rinderfond ersetzt), Lorbeer und Piment sowie Salz und Pfeffer hinzufügen und aufkochen.

6. Rouladen in den Sud einlegen und bei aufgelegtem Deckel bei schwacher Hitze etwa 2 Stunden schmoren, dabei, falls nötig, etwas Wasser nachgießen.

7. In der Zwischenzeit **für den Schmorkohl** den Kohl vierteln und die äußeren Blätter entfernen. Kohlviertel in feine Streifen hobeln. Zwiebeln schälen und in feine Würfel schneiden. In einem Topf im Butterschmalz andünsten. Kohl hinzufügen und unter Rühren einige Minuten anbraten. Mit Salz, Pfeffer, Kümmel, Essig und 1 Prise Zucker würzen und den Fond angießen. Aufkochen und zugedeckt etwa 25 Minuten schmoren, bis der Kohl weich ist. Dabei regelmäßig umrühren.

8. Den Estragon unter den Schmorkohl rühren und diesen warm halten. Rouladen aus dem Schmorsud nehmen und ebenfalls warm halten. Schmorsud durch ein feinmaschiges Sieb in einen kleinen Topf gießen und den Siebinhalt entsorgen.

9. Den Sud aufkochen und mit der Mehlbutter binden – hierfür stückchenweise kalte Mehlbutter mit einem Schneebesen einrühren, bis die gewünschte Sämigkeit erreicht ist. Die Sauce nochmals abschmecken. Die Rinderrouladen mit der Sauce und dem Schmorkohl servieren. Dazu schmecken Salzkartoffeln.

REGISTER

A
Ackerbohnendip, zweierlei **68**
Aprikosen, gegrillte **74**
Arabischer Dip **68**
Arme Ritter, herzhafte **28**
Asia-Marinade **66**
Auflauf vom Bergmannsspargel **124**

B
Basisdip (Ackerbohnen) **68**
Basisdip (Frischkäse-Feta) **67**
Blaubeerpfannkuchen: Sejerlänner Wolvern-pannkooche **16**
Bratapfel-Schichtdessert **117**
Buchweizenklößchen **106**

C
Christstollen, rheinischer **96**
Cupcakes, Mengpüffert- mit Kräuter-Knoblauch-Topping **12**
Currymarinade **66**

D
DIPS
Arabischer Dip **68**
Basisdip (Ackerbohnen) **68**
Basisdip (Frischkäse-Feta) **67**
Knoblauchdip **67**
Mediterraner Dip **68**
Paprika-Chili-Dip **67**
Senf-Rübenkraut-Dip **67**
Dipvariationen **67**

E
Eifeler Kaneelkranz **14**
Eifeler Rahmkuchen **34**
Erdbeerkonfitüre **10**

F
Feine Rotkohlsuppe **128**
Frittierte Milchreisbällchen **48**
FRÜHLINGSMENÜ
Kettenstichesalat **104**
Paderborner Kaltschale **105**
Schweinepfeffer mit Buchweizenklößchen **106**

G
Gegrillte Aprikosen **74**
Göttlicher Käsekuchen **36**
Granola Rheinische Art **8**
Grießpäckchen, knusprige, mit Sultaninen-kompott **44**
Grillagetorte, rheinische **50**
Grillfackeln **56**
Grillhähnchen **58**
GRILLMARINADEN
Asia-Marinade **66**
Currymarinade **66**
Mediterrane Marinade **66**
Grüne Pfannkuchen **84**
Grüne Shakshuka **92**
Grünkohlsalat mit Kartoffel-Senf-Dressing **72**

H
Hefeküchlein: Struwen **86**
HERBSTMENÜ
Bratapfel-Schichtdessert **117**
Möhrensalat **116**
Münsterländer Töttchen **118**
Heringsstipp **82**
Herzhafte Arme Ritter **28**
Herzhafte Vollkornhörnchen **24**

K
Kalbfleisch: Münsterländer Töttchen **118**
Kaneelkranz, Eiferer **14**
Kartoffel-Maronen-Suppe **122**
Kartoffelsalat, westfälischer **70**

Kartoffel-Senf-Dressing **72**
Käsekuchen, göttlicher **36**
Kettenstichesalat **104**
Kirschkompott **112**
Klaushähnchen **94**
Klever Schwarzbrot und Obazda **22**
Knoblauchdip **67**
Knusprige Grießpäckchen mit Sultaninen-kompott **44**
Koteletts mit Apfel-Kräuter-Füllung **54**
Kürbismonde in Apfelweinmarinade **62**
Kürbiswaffeln mit Frischkäse-Topping **20**

M

Mediterrane Marinade **66**
Mediterraner Dip **68**
Mengpüffert-Cupcakes mit Kräuter-Knoblauch-Topping **12**
Milchreisbällchen, frittierte **48**
Milchreis-Eis mit Kirschkompott **112**
Möhrensalat **116**
Münsterländer Töttchen **118**
Muzemandeln **80**

O

Obazda **22**
Osterhase **88**

P

Paderborner Kaltschale **105**
Paprika-Chili-Dip **67**
Pfannkuchen, grüne **84**
Pizzaring **26**
Printentrifle **129**

R

Rahmkuchen, Eifeler **34**
Reihenwecken mit Erdbeerkonfitüre **10**
Rheinische Grillagetorte **50**
Rheinischer Christstollen **96**
Rheinischer Ribbel (Streuselkuchen) **32**
Rinderrouladen mit Schmorkohl **130**
Rotkohlsuppe, feine **128**
Rübenkraut-Mousse **123**

S

Salat aus dreierlei Bohnen **110**
Schmorkohl **130**
Schneewittchenkuchen **46**
Schwarzbrot, Klever und Obazda **22**
Schwarzwurzeln: Auflauf vom Bergmanns-spargel **124**
Schweinepfeffer mit Buchweizenklößchen **106**
Sebastianusbrezeln **78**
Sejerlänner Wolvernpannkooche (Blaubeer-pfannkuchen) **16**
Senf-Rübenkraut-Dip **67**
Shakshuka, grüne **92**
SOMMERMENÜ
- Milchreis-Eis mit Kirschkompott **112**
- Salat aus dreierlei Bohnen **110**
- Zwiebelfleisch **111**

Spitzkohl vom Grill **60**
Stachelbeer-Baiser-Kuchen **38**
Steckrübenkuchen **40**
Streuselkuchen: Rheinischer Ribbel **32**
Struwen (Hefeküchlein) **86**
Sultaninenkompott **44**

T/V

Töttchen, Münsterländer **118**
Vollkornhörnchen, herzhafte **24**

W

WEIHNACHTSMENÜ
- Feine Rotkohlsuppe **128**
- Printentrifle **129**
- Rouladen mit Schmorkohl **130**

Westfälischer Kartoffelsalat **70**

WINTERMENÜ
Auflauf vom Bergmannsspargel **124**
Kartoffel-Maronen-Suppe **122**
Rübenkraut-Mousse **123**
Wolvernpannkooche, Sejerlänner
(Blaubeerpfannkuchen) **16**

Z

Zweierlei Ackerbohnendip **68**
Zwiebelfleisch **111**

WISSENSWERTES:

Köstliches „Lesefutter“: Wir haben für Sie in jedem Kapitel interessante Fakten zu den einzelnen Themen aufgeschrieben. Viel Spaß beim Lesen!

Einmaleins des Marinierens **64**
Es lebe das kulinarische Brauchtum! **90**
Heimathäppchen-Menüs: Genuss hoch drei! **100**
Kaffeeklatsch: gelebte Tradition **42**
Rund um den Sonntagsbrunch **18**

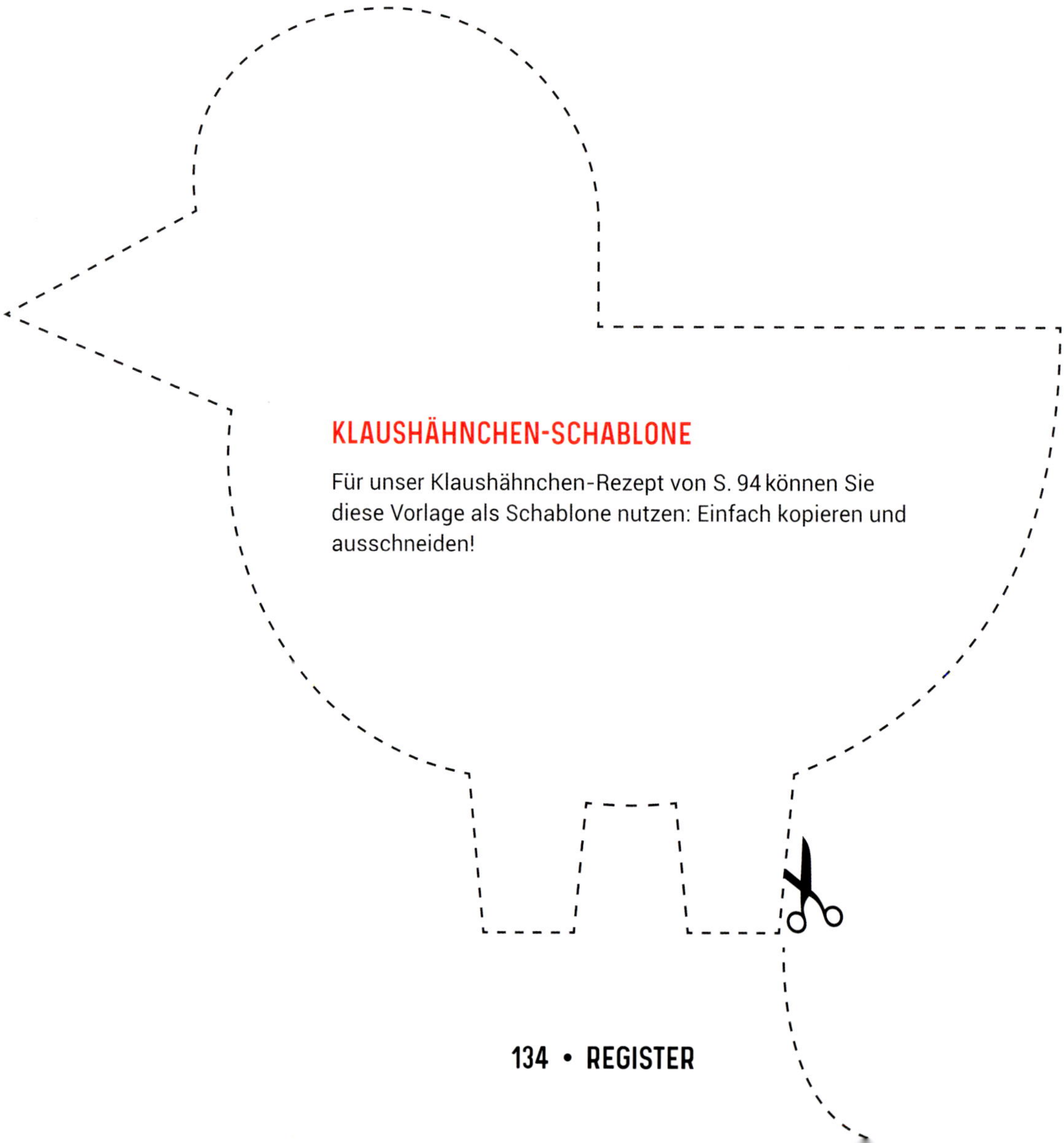

KLAUSHÄHNCHEN-SCHABLONE

Für unser Klaushähnchen-Rezept von S. 94 können Sie diese Vorlage als Schablone nutzen: Einfach kopieren und ausschneiden!

DANKE!

Wenn dieser Text Musik wäre, dann würden jetzt Pauken und Trompeten erklingen: ein Hoch auf das tolle Heimathäppchen-Team! Ich bin sehr dankbar für alles! Was ihr leistet, macht mich sprachlos. Heimathäppchen-Köchin Anne Biehl wird jetzt von Agnes Prus und Julia Floss unterstützt. Dank ihres tollen Foodstylings und ihrer geschickten Hände können die Rezeptvideos perfektioniert werden. Auch die Film- und Schnitt-Crew wurde aufgestockt – neben Carina Wulf, Daniel Bechthold und Julian Steinberg sind hier nun auch Anna Abel und Christopher Nussbaumer zuständig – sie liefern auf höchstem kreativem Niveau ab. Christina Körfgen hält als umsichtige Projektleitung die Fäden zusammen. Auch all die anderen Heimathäppchen-Mitarbeiter bei der Produktionsfirma 2bild machen einen super Job!

Das WDR-Team rund um den neuen Redakteur David Micken hat meinen großen Dank verdient! Es ist so faszinierend, zu sehen, wie sich so ein Format immer wieder neu erfinden und weiterentwickeln kann! Ich dachte so oft „besser geht's nicht" – und wurde dann wieder überrascht von allen Kolleg*innen! Möglich machen das Ganze Klaus Brock und Jörg Gaensel, sie sorgen auch für unsere Expansion ins Fernsehen und hin zu den Kochevents! Danke für euer Vertrauen in mich.

Nicht zuletzt schätze ich mich auch sehr glücklich, mit einem so tollen Verlag und vor allem auch mit Eva Hege zusammenarbeiten zu können. Immer konstruktiv, immer freundlich, immer flexibel. Das macht das Leben viel einfacher – und schöner!

EIN KLEINER EINBLICK IN DIE WELT DER „HEIMATHÄPPCHEN"

Jede Woche veröffentlichen wir Rezeptideen mit den filmisch aufbereiteten Kochanleitungen. Über 100 000 Abonnenten bei Facebook freuen sich darüber, bei Instagram kommen noch mal über 36 000 dazu.

Regionales Essen nach den Jahreszeiten steht für uns an oberster Stelle. Dabei mixen wir Tradition und Moderne und werden hoffentlich niemals langweilig. Viel Mühe hat sich das Heimathäppchen-Team mit dem Saisonkalender für Obst und Gemüse gegeben. Sie können ihn kostenlos herunterladen unter www.heimathaeppchen.wdr.de. Und, wenn Sie sich dafür interessieren, dann vielleicht auch für unsere neuen warenkundlichen Infos rund um regionale Superstars aus dem Pflanzenreich.

Sie sehen, es lohnt sich immer, bei unseren Socia-Media-Kanälen reinzuklicken! Unsere Community ist lebendig, gesellig und fröhlich und wir laden Sie herzlich ein, ein Teil davon zu werden. Und neue Rezeptideen sind immer willkommen!

UNSERE AUTORIN • ANJA TANAS

Die „Heimathäppchen“-Köchin ist beim WDR schon eine alte Bekannte, so steht sie hier als Foodexpertin regelmäßig bei diversen Formaten vor der Kamera. Die Diplom-Oecotrophologin arbeitet zudem seit über 20 Jahren als freiberufliche Fachjournalistin für Ernährung. Bei der 2bild GmbH ist sie als Autorin und Fachberaterin fest im Team verwurzelt.
Im Rahmen diverser TV-Formate hat sie ihre Leidenschaft fürs Kochen entdeckt. Anja Tanas steht für Fachkompetenz und verkörpert gleichzeitig einen nachhaltigen, modernen Lifestyle, einen ungezwungenen Umgang mit Lebensmitteln sowie die Freude an gutem Essen. Privat entspannt sie beim Yoga oder tobt sich beim Reiten, Surfen und als Vizepräsidentin eines Karnevalsvereins aus. Neuerdings veröffentlicht sie auch Rezepte und Infos rund ums Essen auf ihrem Blog unter anjatanas.de.

© 2020 ZS Verlag GmbH
Kaiserstraße 14 b
D-80801 München

ISBN 978-3-96584-062-1
1. Auflage 2020

Projektleitung: Ines Alms, Eva Hege
Rezepte und Texte: Anja Tanas unter Mitarbeit von Élena-S. Eilmes
Lektorat: Eva-Maria Hege
Redaktion WDR: Klaus Brock, David Micken
Grafisches Konzept Cover: Irene Schulz; ZERO Werbeagentur, München
Grafisches Konzept, Gestaltung & Satz: Irene Schulz
Fotografie: Andrea Kramp & Bernd Gölling (außer: 2bild GmbH Köln/Daniel Bechthold: S. 5; shutterstock: Cover oben; S. 91; Anja Tanas: S. 19)
Foodstyling: Hermann Rottmann
Herstellung: Frank Jansen
Producing: Jan Russok
Druck & Bindung: optimal media GmbH, Röbel

Kurze Wege schonen die Umwelt
Dieses Buch wurde in Deutschland gedruckt

Im Buch enthaltene Foodfotos können zur eigenen Nutzung erworben werden unter www.stockfood.com

Die ZS Verlag GmbH ist ein Unternehmen der Edel SE & Co. KGaA, Hamburg.
www.zsverlag.de | www.facebook.com/zsverlag

Alle Rechte vorbehalten. All rights reserved.
Das Werk darf – auch teilweise – nur mit Genehmigung des Verlags wiedergegeben werden.

© für das Format „Heimathäppchen“:
WDR, Köln. Lizenziert durch die WDR mediagroup GmbH.
www.heimathaeppchen.wdr.de
www.facebook.com/Heimathaeppchen

Auf den Geschmack gekommen?

Das Beste aus dem Westen: Die Heimathäppchen feiern die Ess- und Kochkultur in NRW.

Anja Tanas
Heimathäppchen – So kocht NRW
€ [D] 16,99
ISBN 978-3-89883-833-7

Jetzt wird gebacken: die besten Heimathäppchen-Rezepte für süßes und herzhaftes Backwerk!

Anja Tanas
Heimathäppchen – So backt NRW
€ [D] 16,99
ISBN 978-3-89883-966-2

Gleich weiterkochen!

Jetzt überall,
wo es gute Bücher gibt.